Freedom is always and exclusively freedom for the one who thinks differently.

SPECULARI

Freedom is always and exclusively freedom for the one who thinks differently.

SPECULARI

馬賊的滿洲

馬賊の「満洲」
張作霖と近代中国

最被低估的「匪類」、「東北王」，
北洋政府最後一任掌權者——
張作霖，
與他的「馬賊」霸權！

Zhang Zuolin

Shibutani yuri
澁谷由里——著

賴庭筠——譯

目錄

第二章　張作霖登場　063

第三章　軍閥時期的「滿洲」——王永江與內政改革　125

前言

歷史研究的「陷阱」

歷史評論或記述經常潛藏著特定族群主導的理論。以中國近代史為例，共產黨的正統性（或正當性）就具有一定的影響力。在中國，歷史（學）往往是政治的附屬品或奴才。

日本學界基於對戰前的反省，戰後理應擺脫前述傾向而變得開放，但還是擺脫不了中日戰爭的傷痕、中日外交的問題等陰影。日本學界的研究仍大多以造就中華人民共和國目前體制的共產黨史、革命史為主，而歐美學界的研究則經常論及正統性（或正當性）不被共產黨認同的政治形態。

一九八〇年代末期至一九九〇年代初期，這樣的情形開始出現變化。以蘇聯為中心的社會主義體制開始鬆動、瓦解，而發生在中國的民主化運動（一九八九年，天安門事件）遭受當局壓制——相信此事亦迫使對共產主義思想描繪的烏托邦抱持夢想的人們面對現實並感到震憾。我當時仍是高中生，而攻讀學士、碩士學位時接觸的論文，亦大多以階級鬥爭史觀為論調。我很早就看了天安門事件的影片，一直到現在，我仍在心中為與自己同年代的犧牲者哀悼。當時我並預期未來的近現代史研究必定會、也必然會擺脫政治情勢左右，因此嘗試探討執政者——即使執政者離革命與政治正當性最遠——與包括金錢、軍事的權力問題。

我的祖先過去在「滿洲」經商，因此我對「滿洲」感到十分親近，而選擇以張作霖為主要研究對象。但若將「滿洲」與日本直接連結，內容將可能不夠全面。事實上，我認為將「滿洲」視為「中國的一部分」——這種無意識的前提亦需要重新檢視。日本人過去對「滿洲」抱持著幻想，現在恐怕亦缺乏正確的認知。我希望我的觀點能突顯「滿洲」的自主性，但我亦會多方提及「滿洲」與俄羅斯、朝鮮等周邊國家的關係。

討論與「滿洲」相關的中日關係時，最具代表性的人物就是張作霖。或許讀者知道其出身「馬賊」，因此本書將前述基礎，以全新的觀點探討張作霖曾為「馬賊」的意義、「馬賊」與「滿洲」於地域史上的關係等主題。

張學良的「生」與「死」

二〇〇一年十月，張學良（一九〇一年至二〇〇一年）過世，享年一百歲。那不只是一個人的死亡，而是意味著這個世界失去了少數親眼見證廿世紀中國近現代史與中日關係的重要證人。

張學良於一九〇一年出生，是張作霖的長男。一九二八年，因張作霖遭人炸死，張學良倉促成為東北軍的領袖。當時張學良以迅雷不及掩耳的速度加入與張作霖對峙的國民黨勢力，使北伐得以完成。然而一九三一年九一八事變時，蔣介石（一八八七年至一九七五年）因圍剿紅軍（共產黨軍）而未派援軍。此事導致張學良孤立無援，在完全無法抵抗的情形下失去大本營。一九三五年，他受命圍剿陝西省等中國西北的紅軍，但他對蔣介石產生戒心。因蔣介石舉著「安內攘外」的大旗，以消滅共產黨勢力為優先，而遲遲沒有阻止日本軍隊自「滿洲」往華北擴大版圖。為此，張學良開始於檯面下與共產黨接觸。

一九三六年十二月，張學良建議前來視察戰況的蔣介石再次與共產黨合作未果，決定監禁蔣介石——就爾後的發展來看，此次人稱「西安事變」的軍事行動，為第二次國共合作（一九三七年至一九四五年）鋪路，成功拯救了窮途末路的共產黨，獲得中華人民共和國高度肯定。然而他在終止內戰的同時，亦犯下了監禁蔣介石的「罪行」。因此他帶著「接受處分」的心理準備，與蔣介石一同回到南京，遭軍事法庭判決有期徒刑十年。儘管他立刻獲得特赦，但持續受到特務組織監視，隨著國民革命軍（國軍）流亡各地，最後因國軍於國共內戰（一九四六年至一九四九年）戰敗而被帶至台灣。

一九八八年，蔣介石的長子——亦為當時的總統——蔣經國（一九一〇年至一九八八年）過世，副總統李登輝（一九二三年至今）就任總統。李登輝是第一個就任總統的台灣人。之後張學良的軟禁變得鬆散，並於一九九〇年他公開舉辦虛歲九十歲的壽宴後終止。他完全恢復名譽與自由時，接受ＮＨＫ的獨家訪問，令台灣、中國與日本三地的民眾為之震憾。他的親戚大多居住在美國，因此隔年他亦前往美國。其後他為養生移居夏威夷，並於當地過世。

他違抗長官命令而引發西安事件，做為軍人，這是無法饒恕的行為。因此他的政治生涯只有「死」路一條。然而若沒有他，國共兩黨無法打破僵局，亦難以推測中國是否能獲得抗日戰爭的勝利，並於國際社會如此受到重視。因此他才能永遠「活」在歷史的記錄裡。

不能忘記的是張學良之所以度過傳奇的一生，皆起因於他是——與日本極有淵源的——張作霖的長男。人類無法選擇自己的父母，尤其是年幼時一定會直接或間接受到父母與成長環境的影響。他經常在接受訪問時吐露對張作霖的深厚情感。即使張作霖的命運與張學良的完全不同，但有張作霖才有張學良。因此無論是為了理解張學良的一生，並掌握當時的中國近現代史與中日關係，或是為了驗證共產黨史、革命史，皆得回過頭去看張作霖的一生。

張學良眼中的張作霖

日文辭典《廣辭苑》（第五版，一九九八年）對「張作霖」的描述如下：

ちょう、さくりん（ChoSakurin）【張作霖】（Zhang Zuo-lin）中國

軍人、政治家。奉系軍閥將領。字雨亭【註】。遼寧海城人。馬賊出身。握東三省大權，一九二七年於北京組織政府，稱大元帥。同年對抗國民政府的北伐軍失利，於河南大敗。隔年企圖退至奉天（現瀋陽），被日本關東軍策謀炸死。（一八七五至一九二八年）

簡單明瞭。此外，改變張學良的命運的兩件事——北伐與張作霖遭人炸死的因果關係亦一目了然。張學良年紀輕輕就繼承張作霖的位置，要選擇與炸死張作霖的關東軍為伍，或加入將張作霖逼上絕路的國民黨，絕非易事。張學良判斷與其與企圖統治全「滿洲」的關東軍合作，不如協助國民政府統一中國，讓中國成為全新的近代國家。面對NHK的訪問，他亦表示——

即使父親沒有被日本軍隊暗殺，相信我仍會做出相同的決定（作者註：加入國民黨勢力）。因為我一直主張中國統一。中國的軟弱無力，使我非常悲傷。父親過世並沒有改變我的想法，但我因此更加投入抗日運動

了。（卷末註❶）

張學良表示身兼軍人與政治家的張作霖生前，曾因軍閥間的內戰感到苦惱：**「我們打這場仗，究竟有什麼意義？」**（卷末註❷）張作霖死後，張學良堅決認為加入國民黨勢力才能終結內戰，重建並強化中國。做出這樣的決定，除了對張作霖的情感，亦是因為他有充分的自覺：**「重責大任全落到我的肩上。」**（卷末註❸）

當然身為孩子，即使到了九十歲，他的喪父之痛還是與日俱增。他說道——

> **父親過世那一天，正好是我的生日。**（中略）**我與父親一定有些特別的緣份。一直到現在，每年到了我的生日，我就會想起父親、想起父親過世。我不需要生日。**（中略）**父親是個溫柔的人。父親過世令我非常難過，是很痛苦的回憶。**（卷末註❹）

他的生日原本是六月四日，甚至為此而改了一天。

父與子

我呱呱墜地的那一天，父親打贏了第一場仗。父親之所以能出人頭地，就是打贏了這場仗。因此父親真的很疼愛我。對父親而言，我是來報恩的寶貝。（卷末註❺）

張學良說話的語氣，彷彿張作霖是統率大軍的將領，其實當時張作霖還只是「馬賊」，詳情請容我後述。張作霖在「馬賊」中屬於「保險隊」俗稱「大團」的類型，接受「保險區」的仕紳提供的資金，並在「保險區」受到其他武裝組織攻擊時出面保護。

張作霖最初的地盤是自對手金壽山手中奪取而來。一九〇一年六月，金壽山搶回那塊地盤；張作霖順利逃脫，而張學良在流亡地出生。當張作霖抵達新地盤八角台，覓得新的金主；經營「保險隊」的張景惠（一八七一年至一九五九年）將指揮權交給張作霖，同業湯玉麟（一八七一年至一九三七年）也與其建立合作關係。張作相（一八八一年至一九四九年）亦率領自己的「大團」加入張作霖勢力，因此形成更大的組織，亦即所謂張作霖政權（一九一六年至一九二八年）的基礎。張學良說「**第一場仗**」究竟所指為何並不明確，然而陷入谷底的張作霖確實因張學良出生而東山再起。因此張作霖將張學良當做「寶貝」一樣疼愛應屬事實。此外，過去張作霖因貧窮而無法接受教育，他為張學良聘請了數位家教，讓張學良接受教育。他還讓張學良學習英語，並默認張學良進出奉天的ＹＭＣＡ與外國人往來。他讓十八歲的張學良進入東三省陸軍講武堂，由曾以同盟會員的身分從事革命運動的郭松齡（一八八四年至一九二五年）教導。張學良於此習得國內外情勢、中國自革命前至二〇年代必須面對的政治課題等，因而特別尊敬、感謝郭松齡。他在第二次直奉戰爭（一九二四年）首次擔任指揮官並獲得勝利時說：「**其實是（作者註：副官）郭松齡的功勞。**」（卷末註❻）

一九二五年，因郭松齡無法放棄國民革命的夢想，而脫離張作霖勢力、主張停止內戰。在日本軍隊干涉下，戰局對郭松齡不利。張作霖勢力逮捕郭松齡後，由參謀總長楊宇建（一八八六年至一九二九年）指示處以死刑。張學良與張作霖抱持不同信念，一心說服張作霖釋放郭松齡未果。一直到張作霖死後，張學良亦未改變。諷刺的是這些皆起因於張作霖為張學良安排的教育。若張作霖只是為了讓張學良接受自己無法得到的教育，其實不需要讓張學良學習英語、接觸革命思想。可見若將張作霖視為「馬賊」出身的魯莽軍人、政治家，甚至是反革命的迂腐軍閥、日本的傀儡，就無法理解他身為父親的想法。

重新論述張作霖——以「馬賊」為出發點

象徵中國近現代史的張學良，無疑是張作霖所生所教。張學良在中國是英雄，張作霖在中國卻是壓制初期共產主義運動並殺害重要領導李大釗（一八八九年至一九二七年）的軍閥。張作霖父子在遼寧省瀋陽市的宅邸現為紀念館。儘管張作霖才是宅邸的主要建造者，但紀念館過去亦著重於張學良的功績。一直到近年，關於張作霖的說明與展覽才逐漸增加。日本對張作霖的認識亦僅止於教科書裡提及的內容——張作霖與日本頗有淵源，為暗殺事件的受害者。若能留在人們的記憶裡倒還好，但大多數的人考完就忘了吧。暗殺事件距今已逾八十年，想必還有印象的長者已經不多了。

日本人對「馬賊」一詞的感覺，與土匪、山賊等強盜類似，因此難免看不起中國（人）讓「馬賊」出身的張作霖擁有「元帥」的稱號，對他亦有許多誤解。我認為此事導致日本人看輕他的實力與性格，而日本的陸軍、關東軍亦基於此誤解認定他「好操控」，才會擬定傀儡政權的計畫。

出發點為日俄戰爭時（一九〇四年至一九〇五年）對「馬賊」進行的懷柔行動。經過第一次、第二次「滿蒙獨立」運動（一九一一年至一九一二年／一九一五年至一九一七年）日本一心認為「馬賊堪用」，且判斷「馬賊」出身的張作霖不足為懼。日本的基本策略是由軍事顧問團、關東軍監視張作霖，並在他不利日本時施壓。一九二〇年代後半，日本企圖以各種方法干涉他的行動。戰後[1]的日本近代史研究亦受到影響，而形成「張作霖＝日本的傀儡」此一論調，然而真相又是

1 本書之「戰後」皆指「第二次世界大戰後」。

如何？

中日兩國對張作霖都有偏見，因此我期待透過本書以更多角度探討張作霖，包括近代後的中國史、「滿洲」社會的特徵等，尤其是盡可能客觀地按前述脈絡驗證張作霖的政治暨軍事生涯的起點「馬賊」，與張作霖當初為何能於「滿洲」社會崛起——這是本書具體的基本目標。

【註】

「名」與「字」

皆為個人稱呼，以與其他人有所區別，但用途不同。「名」又稱「名諱」，是父母命名時賦與靈魂的重要稱呼，僅用於對尊長自稱時、在尊長面前稱呼同輩時，其他人不能輕易使用。此外，亦用於稱呼同輩，尤其是關係密切者。

「字」是成年後才有的稱呼，以呈現個人德行。日常生活中，用於稱呼沒有特別交情者。這是一種禮儀與尊重。

（參考「孟慶遠主編、小島晉治等合譯《中國歷史文化事典》新潮社、一九九八年」、「《新編中國文史辭典》中國青年出版社、一九八九年」中關於「名」與「字」的項目）

關於本書用語

本書經常提及的地名「滿洲」，基本上是指現在的中國東北地區，省名包括遼寧省（前奉天省＝自清末的一九〇七年沿用至張作霖遭炸死的一九二八年；以及「滿洲國」時期。現在的省名是張學良政權時期〔一九二八至一九三一年〕使用的稱呼，並於中華人民共和國建立〔一九四九年〕後恢復）、吉林省、黑龍江省（通稱「東三省」）。然而就地理位置而言，「滿洲國」設立的熱河省、興安省等，則為現在的河北省、內蒙古自治區的一部分。因此希望各位了解清朝、「滿洲國」建立前、「滿洲國」時期與中華人民共和國建立後，「滿洲」的範圍多少有些變動。由於現在中國的歷史評論不認同「滿洲國」是正式的國家（華語稱之為「偽滿洲國」或「偽滿」），因此為表示「滿洲」、「滿洲國」為日本的歷史用語，而加上「」。

本書如此定義中國史的時期：宋朝建立（九六〇年）至鴉片戰爭爆發（一八四〇年）為「近世」、鴉片戰爭爆發後至中華人民共和國建立（一九四九年）為「近代」，而一九四九年後至今為「現代」。

第一章

為何會出現「馬賊」？

站在百姓的角度，
軍隊因失敗而掠奪、施暴，
比戰亂本身還要恐怖。

一　「馬賊」的形象

「滿洲」才有「馬賊」？

究竟「馬賊」在日本的形象如何？事實上「馬賊」照片經常是一群人騎馬、配槍，於「滿洲」的平原並行。使用武裝的照片，表示一般人認為「馬賊」的歷史並不長，頂多只能回溯至十九世紀末期。除了蒙古，沒聽說「馬賊」在「滿洲」以外的地方活動。提及「馬賊」，就會想到「滿洲」。山室信一曾說日本人將「擁有開闊平原的滿洲」聯想成「單手持槍的馬賊馳騁的荒野」，因此《馬賊之歌》以歌謠、少年小說、電影等各種形式引起熱烈迴響，塑造出猶如美國西部牛仔的形象。（卷末註❶）

事實上除了近代的「滿洲」，其他地方亦有「馬賊」。首先，「馬賊」意指「騎馬的盜賊」，因此可能出現在任何可以騎馬出沒的平原。根據中國民俗學者曹保明的說法，比如說清朝乾隆年間（一七三五年至一七九五年）被發配邊疆（現在的新疆維吾爾自治區、烏魯木齊）的官吏皆曾記錄：「馬賊奔過草原」。（卷末註❷）中國的確適合飼育馬匹，而內蒙古自治區、新疆維吾爾自治區等地飼育馬匹的歷史又特別悠久。當然此時期、此地區被目擊的「馬賊」——為與之後定義的「馬賊」有所區別，在此稱為「原始『馬賊』」——與日本人的印象大相逕庭，而「原始『馬賊』」本身亦有許多類型。

「馬賊」的原始型態

前文提及馬賊「可能出現在任何可以騎馬出沒的平原」，但前提是有維持、管理馬匹的物資與搶奪對象（或金主）。

馬是便利的運輸工具，但為維持「載人擺脫追趕」基本的腳程與體力，需要充分的水、飼料與休息空間，等於需要一定的經費。因此若非資本雄厚的「原始『馬賊』」，不可能所有人都騎馬。大多是大頭目、二頭目騎馬，而其他人徒步移動。

由此可知，本節一開頭描述的（近代的）「馬賊」的規模其實相當罕見。話說回來，拍攝照片等於洩露自己的位置，活動地區有限的「原始『馬賊』」不太可能這麼做。

只要想像自己是「原始『馬賊』」，就會覺得生活需要一定規模的「聚落」或「村莊」。儘管附近有足以藏身的山林更好，但除了頭目，其實「原始『馬賊』」平常大多從事商人、勞工、廚師、工匠等其他職業。

當「原始『馬賊』」規模夠大，到了「淡季」（不適合活動的時期），頭目只要入住「城鎮」中習慣的旅店吃喝玩樂就好。人們即使發現他們的蹤跡，亦會因為害怕報復而不去告密。更有甚者，人們會與「原始『馬賊』」產生互助關係——比如說主動向「原始『馬賊』提供金錢、物資，以避免自己遭搶；或以較市價低的金額向「原始『馬賊』販售物資，請「原始『馬賊』」保護自己。因此他們的生活圈不能是人煙稀少而只能讓馬自由馳騁的平原，亦不能是非常防備外人的古老農村。

「滿洲」是能滿足前述條件的地區之一。一如前言提及，「滿洲」涵蓋的範圍很廣，且因時代而有所變動。只看中國地圖或許不容易理解，但是與歐洲地圖對照就很清楚，「滿洲」的面積大約是德國與法國的總和。北（黑龍江省）接俄羅斯、南（遼寧省，遼東半島）經渤海通山東省，且與北韓為鄰（吉林省）。「滿洲」與北韓的邊界是現在的「脫北路線」之一，而「滿洲」境內各省分、地方無論地理或是歷史的條件皆不盡相同。儘管「滿洲社會」存在許多差異，但我將以中國近世、近代的地方社會、軍事制度與財政問題為中心，亦即以俯瞰的角度探討「馬賊」的定義與起源。

二　對軍隊的看法

「馬賊」的定義

儘管中國近世的史料顯示，「滿洲」以外的地區亦有「馬賊」一詞，但近代前不太使用。「滿洲」的漢人俗稱犯下掠奪、施暴、放火、破壞、綁架、威脅等惡行的土匪組織為「胡子」、「鬍子」。這些土匪組織在「滿洲」境內不一定以馬匹為主要的移動與運輸工具，亦有可能甚至不在平原活動。或許是因為日本人的回憶錄大多以「馬賊」與「滿洲」密不可分為前提，因此當中所謂的「馬賊」包括規模小且技術差的組織、頭目外的人皆徒步移動的組織等。不過本書稱所有在「滿洲」活動的土匪為「胡子」，而「馬賊」是其中之一。

因此進入正題前，必須先探討「馬賊」的定義。首先，至少大頭目、二頭目必須騎馬。再者，除了「胡子」的主要活動，「馬賊」必須符合武裝自衛組織的條件。接下來我將提及張作霖等主要馬賊的經歷，他們以「保險隊」、「大團」二種名義擁有一定的地盤、接受仕紳提供的資金，並在活動期間發揮特定作用。他們不會搶奪金主的居所、資產，反而會在地盤受到武裝組織攻擊時出面保護。其他人因運輸物資而經過地盤時，只要支付些許過路費就不會遭搶。有些「馬賊」還會以護送物資換取酬勞。他們在地盤外與土匪無異，亦經常搶奪非金主的仕紳。因此「馬賊」的範圍比日本人想像的小，而我認為「馬賊」是「胡子」的進階版。

任何人都得自衛的社會

為何土匪當中——亦就是「滿洲」所謂的「胡子」——會出現特殊的「馬賊」？簡單來說是因為單純掠奪、綁架，難以擴大規模。如此一來，不僅收入不穩定，地盤太小時目標亦會受限。

站在仕紳的立場，與其總是擔憂遭不特定多數的土匪掠奪、綁架，不如為了自衛而支付一些金錢，與特定的土匪組織合作。

仕紳之所以這樣想，是因為當時的社會無法仰賴公權力。「中國」每個王朝的領土不同，且地幅遼闊、民族多元，中央對行政、軍事的方針不可能貫徹至每個角落。歷代中央政府固然會派遣官吏至各地，但與地方仕紳合作才能順利統治。委託仕紳負責治水、社會福利、課稅、警備等業務，亦屬常見。

近世後的中國社會——「滿洲」到清朝才正式成為中國的領土，因此清朝前的王朝先予以排除——無論官吏或是仕紳，大多曾參加或通過官吏考試（科舉）。科舉有數個階段【註】通過最終會考而未拜官的讀書人，在地方上擁有文化、政治的地位，與官吏有許多共通點。隨著時代改變，仕紳與官吏間的合作關係亦逐漸加強。正確來說，應該是**仕紳的權限變大了**。

在近世的中國，這麼做亦是為了節省龐大的人事費用，加上中央管轄的行政、軍事人員僧多粥少，且俸祿偏低。即使是中央派遣的高級官吏，亦只有俸祿可領，無法養活與官職相符的家屬（包括妾、寄食的遠親）與隨從。

越是盡忠職守，越有可能得自掏腰包。因此他們會將許多地方行政交給值得信賴的仕紳，並利用職權（包括人事權、維持治安權、課稅權等）讓地方上二流的有力人士（僅擁有科舉最低名銜者、擁有財富但學識不足而難以拜官者）或經由仕紳推薦者，擁有某些地位與權限，獲取大筆上繳的費用與賄賂。

擁有課稅權者無論向百姓課多少稅，都只需要上繳規定的金額。因此在規定的金額外加自己想要的金額，對擁有課稅權者而言非常普遍。擁有警察權者則有可能以逮捕犯人的名義，強取百姓的武器或金錢，形成私兵組織。等於只要擁有課稅權、警察權，就能脅迫並要求百姓聽從自己的命令。

百姓非公權力的保護對象，反而是公權力之下個人勢力或特定勢力的掠奪對象，仕紳的權力亦可能因官吏的職務或想法改變而隨時消失。可見仕紳亦非公權力無條件保護的對象，只是依附或寄生於官吏。因此無論地位高低，仕紳為保障自己於經濟面、社會面的地位，掠奪百姓的情形愈形嚴重；而為預防百姓反抗、土匪來襲，亦有許多仕紳加強自衛武裝。**亦即在近世中國的地方社會，無論地位高低，不會有人相信公權力。仕紳亦得自衛。**

加上嚴峻的社會環境，中國（尤其是近世後）歷代王朝的軍隊品質惡劣亦促使仕紳等地方社會加強自衛武裝。中國的兵不是徵召就是募集而來，但軍營往往是

「生活窮苦而感未來渺茫者」最後的落腳處。因此一般人對軍隊的觀感很差。儘管科舉有文舉亦有武舉，但正式採取此制度的宋朝（北宋，九六〇年至一一二七年）崛起於唐代中期（尤其是安史之亂〔七五五年至七六三年〕）至五代十國（九〇七年至九六〇年）軍權割據的局勢，因此刻意重文輕武。之後提及科舉多是指文舉，參加武舉反而顯得不名譽。

因此一般人不會期待上梁不正下梁歪的軍隊有心保護百姓。何況不僅武官的俸祿偏低，戰況居下風時，可能連一兵一卒當天的糧食都負擔不起，不足的部分就得向百姓掠奪。站在百姓的角度，軍隊因失敗而掠奪、施暴，比戰亂本身還恐怖。

軍隊與土匪沒有兩樣。有許多人戰爭時是兵、平時是土匪。所謂「兵匪一家」，無論兵或是土匪，都是社會最底層的百姓賴以維生的方法。過去日本軍隊亦曾出現在戰場上胡作非為的部隊、無能的指揮官、拒絕作戰的兵，但當時絕大多數的日本人都認為服兵役是成年男子的義務，且非常尊敬士官。相比之下，日本與近世中國對軍隊的想法、軍隊本身的表現實在相差甚遠。

【註】

關於科舉　一如各位所知，科舉始於隋朝，但在此僅介紹清朝之科舉。首先參與於各地舉行的預試「童試」，分為縣試、府試或院試。全數通過後稱為「生員」（或秀才）。生員於府學、縣學通過「科試」（或科考），再參與每三年於各省舉行一次的「鄉試」，通過後為「舉人」。並於「鄉試」隔年參加「會試」（亦為每三年舉行一次）。通過後為「貢士」。最後的考試「殿試」由皇帝親自舉行，通過才能成為「進士」。事實上「殿試」是為貢士排序的過程，而順位對初任官階有很大的影響。以上是最簡單的科舉過程，但有些人具備實力卻遲遲無法通過、有些人半途而廢，也有些人因成績優秀而跳級（自府學、縣學直接進入中央國子監的貢生）。具備生員以上的頭銜，便能擁有官吏般的特權，且於地方上備受尊崇。然而貢生等頭銜只要捐納（上繳資金即可獲得官位或頭銜）即可獲得。本書稱具備貢士、進士頭銜者為上層仕紳，稱具備舉人以下頭銜者為中、下層仕紳（或名門）（參考宮崎市定《科舉史》平凡社東洋文庫，一九八七年）。

三　清朝至近代的軍事・財政變革

清朝近代化的起點

中國最後的王朝——清朝，不但橫跨中國近世社會的成熟期，與近代社會的雛型期（晚期約七十年），也是由滿族統治的時代，因此十分複雜。滿族一如其名，是指「滿洲」出身的通古斯族，是女真族的後裔。女真族曾在中國建立名為「金」的王朝（一一一五年至一二三四年）。據說「女真」二字是以女真語裡「附屬者」的發音「jušen」搭配漢文，並非什麼美名。因此他們建立清朝後，便自稱「manju」——起源眾說紛紜，有人說「manju」來自他們信仰的文殊菩薩（梵語發音為 Mañjuśrī），也有人說來自滿語的「勇者」、「智者」等。無論如何，「manju」是他們自己選擇的稱呼。之後一般人就稱呼當地為「滿洲」。

清朝的軍事制度保留了女真族＝滿族的部族制度，雙管齊下，將建立王朝、統一中國的過程中宣誓效忠者（包括蒙古人、部分漢人）分為「八旗」，而漢人組成的「綠營」則置於各地。八旗就像日本直屬將軍的家臣——旗本，由皇帝賜予領地、俸祿與北京寓所等，除了稅制享有優惠，還擁有「八旗科舉」，也就是不需與漢人一同參加科舉即可成為官吏的特權。綠營是如警察般維持治安的組織，但稱不上是菁英。前文提及中國近世社會的軍隊的慘況，清朝的綠營亦是如此。

不過清朝中期在三代英明的君主——康熙（一六五四年至一七二二年）、雍正（一六七八年至一七三五年）與乾隆（一七一一年至一七九九年）——統治下，版圖在乾隆年間擴大至中國史上最遼闊的範圍（中華人民共和國目前的領土較清朝小），而經過康熙年間（一六六一年至一七二二年）、雍正年間（一七二二年至一七三五年）的財政重建與行政改革，清朝的繁榮也盛極一時。然而財政惡化、政治腐敗的情形在乾隆年間末期浮上檯面。嘉慶年間（一七九六年至一八二〇年），陸續發生白蓮教起事（一七九六年至一八〇四年）、華南地區土客衝突等動亂。到了道光年間（一八二〇年至一八五〇年）爆發鴉片戰爭（一八四〇年至一八四二年），中國敗給過往貶稱為「英夷」的英國。

中國史從鴉片戰爭爆發那一年（一八四〇年）進入近代，因為鴉片戰爭使中國面臨資本主義的競爭原理、淪為殖民地的危機。然而很明顯地，清朝本身、中國近世社會本身都有相當嚴重的問題。對清朝而言，最後進入近代的約七十年是衰退期。不過就長遠的眼光來看，那也是改朝換代的過渡期。乍看之下中國的動向似乎與「近代」背道而馳，但中國還是以自己的方努力適應著「近代」。

洋務運動與軍隊私兵化

首先談軍隊。太平天國之亂（一八五一年至一八六四年）發生時，八旗、綠營無能為力並就此式微。平定太平天國的主力是漢人官吏曾國藩（一八一一年至一八七二年）、李鴻章（一八二三年至一九〇一年）於出生地召募的義勇兵「鄉團」。他們在曾國藩、李鴻章等讀書人、仕紳的指揮下擁有防衛鄉里的明確主張（尤其是一開始）。這一點與過於習慣清朝禮遇的八旗、召募與紀律都有問題的綠營是天差地別。

然而從召募過程來看，此新型軍隊終究是聽從曾國藩、李鴻章的指揮，仍具私兵的特質。因此平定太平天國之亂後，清朝自然會擔心是否要繼續讓漢人官吏擁有這樣強而有力的兵力。曾國藩了然於心，因此主動解散湘軍。然而李鴻章率先推動清朝在經濟、軍事、外交等方面近代化——亦即洋務運動（一八六〇年至一八九〇年代）並重組淮軍。

配置最新裝備的北洋海軍是洋務運動的成果之一，卻在甲午戰爭（一八九四年至一八九五年）敗給日本艦隊。然而李鴻章的幕僚袁世凱（一八五九年至一九一六年）仍帶領新建陸軍（簡稱「新軍」，成立於一八九五年）接受西歐式的裝備與訓練。話雖如此，新軍無法保衛整個中國，還是得與原本的軍隊、淮軍等「鄉團」合作。若兵力還是不足，就鼓勵當地的土匪投降並加入新軍。相對於新軍，這些兵力稱為舊軍。

「滿洲」的「馬賊」具備武裝自衛組織的特質，與軍隊十分類似，同時又是反社會的土匪。從這裡可以看出為何過去是「馬賊」的張作霖要靠近地方軍隊與政界，不過此處不急著說明。只是我可以指出清末的軍隊因太平天國之亂而改組，使原本（對指揮官而言）為了自衛而組成且有可能私兵化的軍隊得以崛起，形成新軍、舊軍兩個系統。

軍隊改組的動向，說明了革命之父孫文為何在中華民國建立後（一九一二年）將臨時大總統的位置讓給清朝重臣袁世凱，以及袁世凱死後為何引發軍閥割據（一九一六年至一九二八年）。事實上對中國內政——尤其是軍事方面——而言，太平天國之亂對歷史造成的影響，甚至遠大於鴉片戰爭。在長年動亂且失去南京的情形下，清朝對長江以南的地區鞭長莫及，導致擁有力量＝軍隊的人才能發號施令。原本集中於王朝、國家的權勢，開始分散至地方、個人。中國史不斷重演的「分久必合，合久必分」，同樣也出現在清末。

清朝被辛亥革命推翻，而辛亥革命的領導者孫文獲選為臨時大總統。然而他沒有自己的軍隊，幾乎都是倚靠秘密結社協助、新軍叛變。因此最後權力轉移至實際創設新軍且完全掌握北洋軍的袁世凱手上，也是理所當然之事。

進一步來說，近代中國的軍隊私兵化也導致袁世凱死後，失去最高指揮官的北洋軍分裂為直系、皖系，同時軍閥割據華南、華中。東北——亦即「滿洲」的張作霖被稱為「奉系」，經常被歸類於北洋軍（閥）。然而相對於直系的馮國璋（一八五七年至一九一九年）、皖系的段棋瑞（一八六五年至一九三六年）過去都是袁世凱的部下，張作霖則是「馬賊」出身。由於張作霖的背景不同，因此我不會將「奉系」歸類於北洋軍（閥）。

財政獨立的需求

軍隊私兵化也對地方社會的經濟、稅制造成莫大影響。清朝難以承受財政惡化，而在太平天國之亂之中承認軍隊（鄉團）「就地自籌」——亦即駐屯、進軍所需的經費可以在當地徵收。最常使用的方法就是設置關口收取關稅；但在平定太平天國之亂後，雖然清朝數度企圖改變，仍無法廢止已成為軍隊既得利益的習慣。

原本中國的地方財政就比較脆弱。儘管地方得向中央（戶部＝財政統籌單位）繳納定額的稅收，歷代王朝——尤其是近世後——唯恐地方脫離中央，因此沒有建構地方財政的想法，何況是編列預算。地方財政本身也缺乏為必要經費設立的固定稅目，都得靠臨時課稅（捐）避免入不敷出。地方仕紳望眼欲穿的課稅權即為承接臨時課稅的任務。由於仕紳中飽私囊的比例、各地經濟的特徵不同，即使是在同一省，「捐」的稅目與稅率也可能不同。

太平天國之亂後，軍隊掌握課稅權成為常態，使百姓的生活更加痛苦。儘管百姓至今也得忍受駐軍的掠奪，但當掠奪有了「課稅」的名目，就成了百姓無法閃避的義務。等於打著「課稅」大旗的掠奪者越來越多，也越來越無法無天了。

站在軍隊的角度，與其透過複雜的手續等待中央提供資金，直接在當地籌措需要的經費還比較快——這可以說是跨時代的改變。此外於駐屯地籌措經費也是指揮官（舊軍所謂的統領、管帶，率領約五百名部下）的重要「任務」。而課稅（籌措）方法由第一線決定，有些部隊猶如強取豪奪、有些部隊明定稅目且無論貧富一律課稅。於大都市、富裕區駐屯的部隊，徵收對象大多以仕紳為主。

站在仕紳的角度，後者使其除了自衛武裝，還能獲得公權力的保障。為此，甚至有人將自己的武裝自衛組織與軍隊合而為一。獲得有力金主的軍隊，就像是指揮官為金主帶來的私兵，因此對提供金錢、物資的金主有一定的忠誠度。

在仕紳也得自衛武裝的社會，可以說「擁有力量＝軍隊才能取得權力」，但光是擁有軍隊其實不夠。「籌措大量資金」也是取得權力的必要條件。儘管最理想的情形是自己有雄厚的資金，但一介百姓只要找到金主，也能率領武裝自衛組織，甚至部分地方軍隊。中國從近世一直到近代，內憂外患不斷，導致世局紛亂、清朝式微。同時，社會流動使過去無法出人頭地的人們，有了出人頭地的機會。

關於社會流動，還有一點必須先提出來——進入廿世紀後，清朝廢止了科舉（一九〇五年）。廢止科舉沒多久，清朝即被辛亥革命推翻。因此廢止科舉並未影響整個中國，但影響了之後的中華民國（一九一二年至一九四九年）。過去科舉的科第與官職是區分仕紳地位的重要指標，科舉廢止後，原本以進取功名為目標的上層仕紳頓失去處，中、下層仕紳的「科舉情結」也逐漸消失。根據易勞逸（Lloyd E. Eastman，一九二九年至一九九三年，美籍中國歷史學者）的說法，之後只要具備「財力、武力與臉皮」三項條件，就可以成為仕紳。（卷末註❸）原本仕紳與百姓最大的差異在於「教養」與科舉，科舉廢止後，社會階層開始流動。這種情形可以說是中國為適應「近代」而出現的改變。

四　「滿洲」是什麼？

前一節描述了中國在近世後的社會與軍事問題，與近代後的「滿洲」有許多共通點。然而中國的城鄉差距逐漸擴大，尤其是近世後。比如說近代的經濟先進地區長江下游，無法與人口密度較低且仍在發展農業的「滿洲」相提並論。因此本節將考慮「滿洲」做為中國史的一部分卻有著特殊緣由，進一步探討「馬賊」出現的背景。

「滿洲」的歷史

「滿洲」一直到近世末期甚至近代，才成為漢人的土地。由於氣候寒冷，僅靠農耕無以為繼，因此居民長年從事狩獵、採集、遊牧維生。滿族的前身——女真族也以狩獵、採集為主。然而僅靠狩獵、採集難以使糧食穩定收成、使人口成長。最後他們翻越萬里長城，掠奪漢人生產的農作物，甚至挾持漢人至他們的居住地從事農耕。

中國自紀元前，「以農耕維生的民族」與「從事狩獵、採集、遊牧的民族」一直維持這種關係，女真族亦不例外。他們建立的金朝占據華北、東北（「滿洲」），他們以不再擴大版圖為條件，要求流亡政權南宋（一一二七年至一二七九年）進獻大量貢品。換個角度來看，女真族以共生共存的形式，換取漢人生產的農作物，也是一種外交策略。

之後蒙古族滅金、滅宋，再次統一全中國，並建立遠至西亞、俄羅斯的龐大帝國（在中國建立的王朝為元朝〔一二七一年至一三六八年〕）。女真族轉而成為被統治者，而明朝（一三六八年至一六四四年）對女真族的態度比元朝還要嚴峻。

在中國的歷史上，被統治的民族必須朝貢。不過到了後世，朝貢不再是過於沉重的負擔。周遭的弱小民族、國家甚至會因為不希望與中國為敵而主動進獻，盡「臣下之禮」。相對的，「中國」為彰顯身為世界中心、文化瑰寶的威嚴，也得賞賜相當的回禮。朝貢時往往由商人領隊，而在前往中國的途中銷售貢品以外的商品，並在返回本國的路上銷售不需要的回禮。朝貢是前近代的東亞、東南亞、中亞迴避無謂戰爭的外交策略，同時也是重要的貿易管道。

從前述脈絡就可以理解日本足利義滿（一三五八年至一四〇八年）公開朝貢，受明朝策封「日本國王」的意義。更有甚者，明朝於室町時代（十四至十六世紀）至江戶時代初期（十七世紀初）禁止朝貢以外的貿易（海禁），因此日本以各種方法與明朝貿易，形成一個遠至東南亞的商業圈。當時的武裝貿易組織被稱為「倭寇」，也有中國人參與其中，使明朝大傷腦筋。另一方面，他們也的確促進了海上貿易。此外每個民族的朝貢者可能不僅一人，接受朝貢的王朝會視貢品的質、量，以及朝貢者與王朝間的關係，給予適當的待遇與回禮。就這方面來說，明朝給予女真族各個朝貢者的待遇與回禮不同，有效破壞女真族的團結。其次，明朝僅賞賜女真族部分族長複數貿易許可，由族長自行決定如何分配。為爭奪朝貢貿易的好處，導致女真族內部長年紛亂。

然而明朝此一巧妙策略在末期逐漸失去效力。明朝中期出現皇室奢侈、宦官干政等亂象，且為消滅倭寇耗費巨資、與蒙古族瓦剌部對戰卻戰敗而逐漸式微，甚至得仰賴女真族協助抵抗蒙古族各部。取回軍事優勢的女真族開始統合不服從明朝的力量，最後由努爾哈赤（清太祖。一五五九年至一六二六年，在位一六一六年至一六二六年）於「滿洲」成立後金（一六一六年）——這是清朝的實際起點。

接著皇太極（清太宗。一五九二年至一六四三年，在位一六二六年至一六四三年）侵略朝鮮，迫其臣服。之後皇太極改國號為「清」（一六三六年）。明末民變，李自成（一六〇六年至一六四五年）推翻明朝，於北京稱帝；清兵入山海關後驅逐李自成而占領北京（一六四四年）。當時清朝已由第三代順治（一六三八年至一六六一年，一六四三年至一六六一年在位）繼位。

清朝在康熙年間清除明朝的殘存勢力並對抗俄羅斯、雍正年間短暫休養生息，而乾隆年間以十大戰役遠征各地、擴張版圖，造就安定富庶的盛世。

女真族＝滿族以「滿洲」為基礎，兩次在中國建立歷史悠久的巨大王朝，但也嘗盡被統治的悲哀。他們對故鄉「滿洲」抱持深厚情感。清朝將首都遷往北京，定原本的首都盛京為留都，並設置與中央相同等級的奉天府，故盛京亦稱「奉天」。此外除了「滿洲」，清朝延續明朝採取省制，配置總督（擁兩省的行政權、軍事指揮權）、巡撫（為一省的行政長官）。總督、巡撫積極拔擢漢人，但「滿洲」

配置的三名將軍都是八旗出身，且幾乎為「滿洲」旗人。

此外，清朝實施「封禁」政策，禁止漢人移居山海關外。這一切都是為了使「滿洲」維持建國當時的狀態，而清朝的說詞是「滿洲」已有以滿族為首的通古斯族、蒙古族等游牧民族與建國之前就居住在當地的少數漢族（子孫）。

然而清朝中期的盛世使人口爆增、華北歷經數度旱災，更重要的是漢人開發「滿洲」的意願十分強烈，使「封禁」政策逐漸瓦解。事實上，領有遼河流域裡最適合農耕的地區的旗人、居住在當地的滿人等，也有人私底下僱用漢人佃農與勞工從事農作。此外有些旗人無法負擔北京的消費，甚至鑽漏洞將土地賣給漢人（法制上禁止以土地抵押借款，還是有許多人因為無法歸還借款而決定賣地）。

不過一直到近代後，「滿洲」的漢人才開始迅速增加，交通發達是主因之一。原本山東半島與遼東半島間就有航線，許多人員與物資往來其中。近代有了汽船，使運輸量大幅增加。因此近代後移居「滿洲」的漢人多來自山東。他們在「滿洲」生產大豆，對「滿洲」的農業開發與經濟成長有莫大貢獻。此外，俄羅斯鋪設的中東鐵路（東清鐵路）也吸引許多漢人移居，協助鐵路等建設。完工後（一九〇一年），原本集中在遼東半島的漢人開始擴散。

俄羅斯的野心

俄羅斯也一直對「滿洲」虎視眈眈。清朝初期，俄羅斯沿著黑龍江（俄羅斯境內稱阿穆爾河）進攻「滿洲」，於康熙年間敗給清軍。當時簽訂的尼布楚條約（一六八九年）導致俄羅斯邊界後退，使俄羅斯近代後採取的行動更加迅速、確實。清朝於第二次鴉片戰爭（英法聯軍，一八五六年至一八六〇年）大敗，以「滿洲」的鐵路舖設權、軍港旅順與貧窮漁村青泥窪（現大連）的租借權做為報酬，委託俄羅斯與英國談判。之後俄羅斯為舖設鐵路，打造全新的城鎮哈爾濱（黑龍江省）。因此「滿洲」有著濃厚的俄羅斯色彩。

俄羅斯於克里米亞戰爭（一八五三年至一八五六年）失利後，放棄南下巴爾幹半島的策略，轉而將重點移至「滿洲」。現在俄羅斯的濱海邊疆州原為清朝領土，因人口稀少而成為俄羅斯強制囚犯遷居的地區。日本的中國近代史教育——即使學生大多只靠死背應付考試——往往強調中國於鴉片戰爭受到英國的軍事威脅。相信許多讀者也認為英國的軍事威脅在那之後並沒有減輕，然而其實英國的軍事威脅只持續到第二次鴉片戰爭結束。英國之所以聯合企圖在中國分一杯羹的法國引發第二次鴉片戰爭，是因為英國在第一次鴉片戰爭後，並沒有能夠完全使鴉片自由出口、販售。

第二次鴉片戰爭獲勝後，英國獲得夢寐以求的利益，甚至因簽訂不平等條約而不費吹灰之力就享有最惠國待遇，足見英國沒有必要再與中國對戰，取而代之威脅清朝的是以漫長邊界與中國為鄰的俄羅斯。英國對亞洲的策略，也轉以採取各種軍事與外交手段對抗俄羅斯為主。

俄羅斯再次進攻「滿洲」時，也將手伸進中亞——介入新疆維吾爾族的獨立運動（**阿古柏叛變**），占據新疆的大部分地區（**伊犁危機，一八七一年**）。當時英國亦參與其中，使情形更加複雜。事實上形成前蘇維埃聯邦的中亞各國大多是在這樣的民族紛擾下加入俄羅斯勢力，現在亦猶如國際社會的不定時炸彈。無論如何，由於英國介入俄羅斯於中亞、「滿洲」的軍事與經濟威脅，因此清朝被迫迅速因應。

雪上加霜的是，俄羅斯軍隊於一九〇〇年義和團運動後全面進駐「滿洲」，導致清朝創立以來的「滿洲」體制徹底瓦解。不僅是「滿洲」，當時中國的地方行政、軍事策略毫無機動性可言。一如前文所述，為了不重演宋朝地方軍閥勢力割據的情形，宋朝後削弱地方行政與財政的權力。若未經中央裁示就擅自行動，即使事出緊急，仍會被視為叛亂而受罰。地方官吏若考慮到升遷，會覺得多一事不如少一事。

「滿洲」將軍以下的軍政系統、盛京仿照北京採用的五部（北京為六部，而盛京沒有負責任免官吏的吏部）與民政系統混合，職務分得很細。因此處理複雜問題時互相推卸責任的情形，自乾隆年間即十分常見。

義和團運動發生時，盛京將軍增祺（一八四九年至一九一九年）亦僅等待中央裁示而沒有對義和團的排外暴動採取任何對策。義和團以「扶清滅洋」為口號，使慈禧太后（一八三五年至一九〇八年）等朝廷重鎮一心認為義和團是在幫助飽受列強蠶食鯨吞的清朝。他們破壞教會等西洋建築、鐵路軌道與電線等基礎建設，並襲擊傳教士等外國人。他們相信名為「義和拳」的護身術可以使人刀槍不入，與太平天國之眾一樣不怕死。義和團運動起源於山東省，最後擴及有許多漢人移民與勞工的「滿洲」。

俄羅斯為開發「滿洲」投入大筆資金，自然無法坐視不管。之後俄羅斯大軍壓境，幾乎占據了整個「滿洲」的主要城市。「滿洲」由增祺管轄的地方官吏，害怕俄羅斯軍隊的程度更甚害怕義和團之眾，一個接著一個攜家帶眷棄官潛逃。當義和團攻入北京，慈禧太后等人逃出紫禁城，而日本等八國聯軍占據了北京。至此，義和團運動才終於平息。然而，增祺等人並未特別受到處份。

若一開始確實鎮壓，義和團運動應該不會一發不可收拾。官吏的消極主義與朝廷的判斷失誤使華北、東北一片混亂，甚至為維持治安而默許列強介入。

「馬賊」歸順政策

前述情形在「滿洲」留下了嚴重的後遺症。首先進駐「滿洲」的俄羅斯軍隊遲遲不肯撤兵，「滿洲」眼見就要脫離清朝。俄羅斯軍隊撤兵後，仍在各地掠奪、暴動，使「滿洲」原本就不夠獨立的地方行政、財政與軍事體制更加疲軟。之前未盡地方父母官之責的增祺留任後，在面對清朝整體結構問題的同時，也盡一切可能努力重建「滿洲」。在此僅探討與本書有關的財政與軍事。

首先是財政。整理增祺上書的奏摺後發現，原本「滿洲」的財源十分貧乏，相當於日本地方稅的「協餉」、特定地區（稅）捐占的比重極高。然而清朝自乾隆年間財政鬆弛，鴉片戰爭後更是內憂外患不斷。因此「滿洲」以外的地區也陷入財政困難，各省作為「協餉」送往北京戶部的資金（解餉）短縮。此外「滿洲」內部各地的稅捐局員也因義和團運動而奔逃，導致徵稅業務停滯不前。加上戰亂帶來的社會動蕩使土匪（「胡子」）橫行。為了維持治安，政府必須確保一定的兵力，又得盡可能不花半毛錢。

因此，「馬賊」歸順政策浮上檯面。採取歸順政策最大的原因是——畢竟最了解土匪的還是土匪，利用歸順者討伐土匪的效率極高。一如《水滸傳》所寫，土匪等邊緣人組織歸順正統軍隊的情形，在中國很常見（在此順帶一提張作霖十分喜愛《水滸傳》，或許是曾請誰為他說書過）。我在前一節敘明了軍事史的概要，當時士兵的社會地位很低，人們對軍隊的紀律不抱期待。

然而增祺的「馬賊」歸順政策更具意義。我將以張作霖為例詳述，「馬賊」不僅與大地主、大商人等富有的金主密切往來，同時也與中、下層仕紳（以下稱「名門」）關係深厚。「馬賊」經濟獨立，在活動範圍內屬於半公認的團體。對當局而言，只要以「允許『馬賊』一如過往般自由籌措資金，而不追究『馬賊』過去的犯罪行為」為條件使「馬賊」歸順，等於不花半毛錢讓「馬賊」站在討伐土匪的第一線。唯一的隱憂是忠誠度，但只要有名門推薦，大致上就可以放心。萬一「馬賊」重操舊業，名門就得負責。因此名門只會推薦值得信賴的「馬賊」。此外甫歸順時有一定的試用期，「馬賊」不得離開原本的活動範圍，必須受推薦的名門監視。若有任何疑慮，試用期內可予以處罰。

增祺後的每一任執政者皆承襲前述政策。張作霖原為中級的「馬賊」，歸順後十分活躍，成功討伐規模比自己還要大的「馬賊」，甚至受命遠征。在此嚴酷環境下培養的兵力，使張作霖得以自辛亥革命後稱霸一方，建立「奉系」的基礎。

五　甲午戰爭的衝擊

邁向近代化

至今我為了闡述「馬賊」崛起的背景與原因，以很長的篇幅說明了中國近世社會的特徵、「滿洲」這塊土地的特質。相信一定也有讀者覺得奇怪，為何說明近代的「滿洲」、「馬賊」，需要擴大層面至此？畢竟近代史（有時包括現代史）是近世史的產物，儘管「滿洲」在地理、歷史方面有其特徵，但直接將「滿洲」與日本連結前，應該先了解「滿洲」與中國的關係。「滿洲」由於地緣使然，曾引發許多邊界與領土的爭議。因此還得掌握「滿洲」與俄羅斯等國家的關係。

接下來讓我們看看「滿洲」在此之後的地域史。我在前一節曾提及清朝對「滿洲」實施「封禁」政策，但仍無法阻止漢人移民增加。然而清朝也沒有預想到這樣的情形，便任由「滿洲」的行政與財政系統維持與建國時相差無幾的極差效率。

到了廿世紀，清朝終於推行全國性的政治制度改革——亦即新政，而「滿洲」就像是清朝的第一個實驗對象。

清朝——尤其是近代後——並非從來不曾改革，但改革始於官吏個人的努力。首先請各位回想一下，太平天國之亂是由曾國藩、李鴻章等漢人官吏平定。之後的洋務運動的起點，也是因若干官吏與社會人士片斷地吸收軍事、外交、工業等近代化知識與歐洲文化。全面實施這些改革並使其普及、生根，在清朝仍為禁忌。

在此情形下，康有為（一八五八年至一九二七年）仍公開主張清朝應徹底推行政治制度改革。他受到甲午戰爭戰敗的衝擊，企圖打破前述禁忌，並根據由他構想而當時屬於比較獨特的儒學理論改革現實政治。《春秋》、《詩經》等儒學六經是孔子根據個人思想編纂而成，但孔子表示自己「述而不作」，忠實地保留了過去的禮制等史實。對此，康有為提出反論。他指儒學六經是孔子借古代闡述個人思想的創作，並認為「經典這麼寫，就不能有任何改變」的堅持毫無意義。他進一步主張以《春秋》公羊學派的歷史理論（三世說），在未來社會具體實現理想的「大同世界」。

這些都是使政治改革——仿效明治維新，自君主獨裁制轉為君主立憲制——正當化的說法。儒學傳統是中國的重擔，若不準備萬全的理論，實難提出改革的構想，更不用說主張具體的計畫。

一八九五年，他不僅組成清朝禁止已久的政治結社（強學會，表面上是學術團體），號召許多知識分子、現役官吏提倡改革。年輕的光緒皇帝（一八七一年至一九〇八年，在位一八七五年至一九〇八年）亦對未來感到不安，因此認同並破例拔擢他。眼看他的夢想就要實現（戊戌變法，一八九八年），卻在短時間內失敗。因為由康有為率領的「變法派」除了光緒皇帝，沒有其他政治基礎，也缺乏改革所需的資金。顧忌幕後黑手慈禧太后的官吏不信任空談改革計畫的「變法派」，在實際推行時退縮不前。成立新建陸軍而被視為「軍隊近代化急先鋒」的袁世凱年輕時也是強學會的成員，而康有為等人也期待他於軍事面提供協助。然而他因顧忌慈禧太后，最後甚至倒戈引發戊戌政變。康有為的弟子梁啟超（一八七三年至一九二九年）好不容易逃亡至日本，但參與戊戌變法的譚嗣同（一八六五年至一八九八年）被捕、處死。光緒皇帝沒有被迫退位，但一直被幽禁至一九〇八年過世。另一方面，袁世凱因政變時的「貢獻」平步青雲。儘管因權力鬥爭而短暫引退，但對他造成的影響不大。

還有一個重要人物也受到甲午戰爭的衝擊，那就是孫文。孫文與康有為同為廣東人，但康有為出生在書香世家，而孫文幾乎沒有受過中國傳統的儒學教育。孫文的哥哥是事業有成的夏威夷華僑，因此孫文十幾歲就前往夏威夷唸書，學成歸國——現在稱「歸國僑民」。

之後孫文於香港學習西醫，成為第一個獲得醫學博士學位的中國人。孫文是全新類型的知識分子。相對於康有為企圖在王朝、君主制等基本框架裡推行體制內改革，孫文認為應立即革命推翻王朝、君主制。一八九四年，他在夏威夷成立第一個革命團體——興中會。隔年他策劃第一次起義，就此踏上起起伏伏的人生。前文曾提及的部分，我就不再重複。

人們長年強調康有為與孫文的改革方向不同，然而近年發現兩者有許多交流與共通點，不能單純以**變法派**、**革命派**二分法區別。思想比較不在本書的探討範圍內，因此在此不談。我打算僅就他們身為改革實踐者的共通點，表達一些淺見。

中國傳統的儒學教育使然，一般人認為社會菁英尤其是讀書人、官吏不應該汲汲營營，**至少不能表現出來**。事實上讀書人為了專心準備科舉，得有不愁吃穿的資金；而官吏的俸祿偏低，難免得考慮如何避免入不敷出。接受科舉教育時也沒有任何學習經濟、金融的機會。肉體勞動過去予人卑賤的印象，因此讀書人也幾乎沒有實際體驗庶民生活的機會。

在清末推行改革的康有為，正是科舉教育的犧牲品。對「如何籌措改革所需的巨額資金？」「如何在君主立憲制下仿效日本邁向資本主義？」等問題，他的主張極為模糊。孫文實踐改革的時間較康有為長，更了解資金的重要性。然而他遲遲沒有獲得穩定的資金，一直到晚年第一次國共合作（一九二四年至一九二七年）才獲得蘇聯資助。若缺乏穩定的資金，改革即使一時成功也無法持續。這是為何戊戌變法在短時間內失敗，又為何革命勢力在辛亥革命後無法掌握政治主導權的原因之一。

然而兩人失敗更大的共通點為「缺乏自己的軍隊」。當然他們都知道軍隊的歸屬將決定成敗。然而康有為無法完全拉攏袁世凱，孫文更因袁世凱的兵力而被迫讓出臨時大總統的位置。巧合的是，兩人都因袁世凱而受阻。

革命史的結論是「袁世凱是反動政治家」——但這才是思考歷史真相的重要關鍵吧。若軍隊與資金（財源）是在近代中國推行改革不可或缺的條件，那想必現實政治亦然。對執政者而言，在構成（近代）國家的各種條件中，軍事與財政最重要。這也是為何探討張作霖政權堀起，首重清末的軍事與財政。

日本堀起的威脅

儘管甲午戰爭強烈地暴露了清朝的脆弱，但清朝中樞的危機意識不高。因為許多人將甲午戰爭的失敗歸咎於當時的洋務運動，認為李鴻章必須負最大的責任。結果，對康有為百般阻撓的慈禧太后在義和團運動時逃出紫禁城。儘管八國聯軍進駐解決了義和團運動，但清朝得支付巨額賠償，與對外戰爭戰敗的代價相同。

一九〇一年，清朝終於發布「預約變法」上諭。然而康有為等人不僅未恢復官職，也沒有擺脫叛亂罪名。無論如何，之後的改革因皇帝年號稱「光緒新政」或直接稱「清末新政」。

此外老臣李鴻章亦於當年過世，接班人袁世凱的地位就此鞏固。更諷刺的是袁世凱依照上諭主旨（亦即慈禧太后的想法），改革中央與地方行政、推行新軍近代化，並積極採取君主立憲制。

前文提及俄羅斯在十九世紀中期後，強盛的程度不輸給英國，帶給清朝莫大壓力。同時日本在明治維新成功後，迅速推行資本主義，也在軍事、外交方面對清朝造成無法乎視的威脅。

一八七四年日本侵略台灣時，清朝——或應該說李鴻章——實際感受到日本的軍事威脅。當時日本企圖在侵略朝鮮前，先拿下琉球、台灣。原因五花八門，最重要的應該是朝鮮距離清朝最近，又是清朝關係密切的朝貢國。若在沒有做好萬全準備的情形下侵略朝鮮，逼迫朝鮮開國，清朝一定會立即援助，足見日本的勝算不大是最主要的原因。當時征韓論的爭議導致日本政局混亂，取代方案征台論崛起則相對沒有受到太大的重視。

另一方面，站在日本史的角度來看，琉球（王國）一直到明治時代也是清朝的朝貢國。到了江戶時代，薩摩藩率先統治了琉球。缺乏強大兵力的琉球，於一八七二年成為「琉球藩」。明治政府的態度若再強硬一些，極有可能使國王屈服並終結琉球王朝。再來是反清將領鄭成功（一六二四年至一六六二年）與其子孫的據點——台灣。清朝在鄭克塽投降後將台灣納入領土（隸屬於福建省），但台灣絕大多數的地方由原住民居住，清朝僅維持表面的統治。

日本曾向清朝控訴隸屬於琉球（王國）的宮古島居民——「日本的臣民」——漂流至台灣後，被台灣的原住民殺害（牡丹社事件）。然而當時清朝指原住民為「化外之民」而不予理會。雙方對領土權的認知不同，使日本沒有獲得為「搜索、追捕犯人」侵略台灣的藉口。

台灣是明治時代後，日本軍隊第一次侵略的對象。台灣原住民的頑強抵抗與感染瘧疾病死的士兵增加，導致日本軍隊必須撤兵。然而清朝於之後的談判認定被殺害的宮古島居民為「日本的臣民」，承諾予以「撫卹」——這也是為何日本於一八七九年「琉球處分」時廢止琉球藩、設置沖繩縣，儘管清朝主張宗主權，但日本不予理會的原因。

然而李鴻章預料日本將成為清朝的巨大外患，因此建後採取以海上防衛為主的對日政策。然而同為洋務派官吏的左宗棠（一八一二年至一八八五年），則主張收復被俄羅斯占領的新地。兩者對外交、軍事政策的想法多有出入（海防與塞防的爭論）。簡單來說，就是應該優先處理陸上的威脅俄羅斯，或海上的威脅日本。清朝顧及兩名大官的顏面，且雙方的主張各有道理，故決定在強化海防的同時，設法收復新疆。左宗棠努力收復伊犁以外的新疆，而李鴻章努力建設北洋艦隊。清朝於一八八四年設置新疆省、一八八五年設置台灣省，並對內外宣示這些地區不是閒棄的邊疆，而是重要的內地。

另一方面，一八七五年的江華島事件使日本在明治時代後首次與朝鮮交戰，並於隔年以江華條約逼迫朝鮮開國。之後持續干涉朝鮮內政的日本，一直在等待使清朝放棄宗主權的機會。一八九四年，兩國同時介入朝鮮內亂（東學之亂），引發甲午戰爭。一直認為日本落後於中國的清朝戰敗，表示日本的兵力已然勝過中國，同時清朝也失去朝鮮的宗主權。此事象徵以清朝為中心的亞洲秩序完全瓦解。康有為、孫文的危機意識其來有自。

六　日俄戰爭與「滿洲」

荒廢的「滿洲」

我認為日俄戰爭使清朝中樞（尤其是慈禧太后）真正理解日本的軍事威脅。清朝並非這場戰爭的交戰國，為何我會這麼說呢？因為日俄戰爭的主戰場正是清朝最重要的起源地「滿洲」（尤其是遼東半島）。這場戰爭使當地土地荒廢、治安惡化的程度甚至超越義和團運動。此戰爭與甲午戰爭的結果密切相關。首先日本於甲午戰爭後成功使清朝放棄朝鮮的宗主權，朝鮮轉而倚賴俄羅斯。俄羅斯為確實維持並發展自身於相鄰的「滿洲」的利益，便懷柔朝鮮並掌握朝鮮內政。加上日本原本企圖要求清朝於馬關條約割讓甲午戰爭時日本占領的遼東半島（旅順等地），但俄羅斯與德國、法國協同阻止——此事稱「三國干涉（還遼）」。儘管日本於甲午戰爭後獲得心心念念的台灣，卻被迫放棄遼東半島，留下遺憾。

日俄戰爭除了爭奪朝鮮的主導權，也在爭奪「滿洲」的利益。因此「滿洲」才會成為主戰場。據說日本教育士官的教科書指出：一直到第一次世界大戰爆發之前，包括歐洲在內，此次戰役的激烈可說是日俄近代史上少有。

當時日本軍隊犧牲了廿萬人，而主戰場「滿洲」當然也損失慘重。旅順近郊有一個村落戰前原有十七個家族、八十間建築，但戰後只剩下五間（換算起來，只剩下一個家族）。這個村落之後改名為「五間房」。（卷末註❹）有些人因捲入戰爭而死亡，但「五間房」等地的倖存者儘管得以返鄉，卻因房舍倒塌、耕地荒蕪、家畜損失而無法生活。

原本「滿洲」的農業生產力不高，但遼東半島的遼河流域包括氣候、土壤、地形等地理條件優良，自古便是漢人移居之地。然而義和團運動的餘波盪漾，又受到日俄戰爭徹底破壞，重建談何容易。對地方行政而言，生產力低下等於稅收銳減。同時為生存而掠奪的情形愈發嚴重，導致治安惡化。在在逼迫執政者必須採取對策。

加上儘管日本、俄羅斯簽訂朴資茅斯條約，但兩國在「滿洲」的對峙，以及對清朝施加的壓力並未完全消除。當國土防衛問題正式浮上檯面，要使「滿洲」維持建國當時的統治體制就變得十分困難。

改革舊體制

盛京將軍——趙爾巽（一八四四年至一九二七年）負責處理日俄戰爭戰後事宜。以往「滿洲」的三名將軍幾乎都是滿洲八旗人，但他是漢軍八旗人。中國有本朝編纂前朝正史的傳統，儘管他在中華民國建立一段時間後退出政界，但他因負責編纂《清史稿》（由於是草稿，故有「稿」字）而為人所知。他除了是學識淵博的讀書人，也是專精財政的政治家。

一如義和團運動時，日俄戰爭時也有「地方行政與財政停擺」的問題。所幸此次「滿洲」的心臟奉天有「公議會」這個臨時民間機構代為處理地方行政與收拾戰爭後的殘局。公議會是由城內商人組成的自治組織，於醫療、慈善、金融（融資）等方面獨自運作。趙爾巽受到商人強烈的抵抗，仍努力使公議會進入盛京將軍的控制中，並透過公議會處理地方行政與戰後殘局。

儘管當時財政困難，但趙爾巽仍自地方財政撥出卅萬兩公帑，結合部分商人贊助的數萬兩，成立「滿洲」首間真正的發鈔銀行（具紙幣發行權的銀行）——亦即中央銀行——奉天官銀號。當然奉天官銀號的規模與作用，無法與現在日本的中央銀行（日本銀行）相提並論，「滿洲」亦未統一使用此銀行發行的紙幣。然而至少陸續回收了戰爭時流通的俄羅斯盧布、日本軍隊的軍票，使「滿洲」的金融情勢恢復穩定。

透過這個銀行的發鈔作用，趙爾巽在任期中（至一九〇七年）留下六百數十萬兩的財政黑字。他更進一步檢驗原本的課稅系統，統合以往過於瑣碎的稅目與財務機構，藉此成功掌握並減少稅收被層層剝削的情形。

趙爾巽的改革高峰為廢止效率極低的行政與財政系統——盛京五部，這等於使盛京＝奉天做為「留都」的特別地位消失。然而好處是由盛京將軍統籌民政，其中又以接收盛京戶部的課稅權最重要。就這樣，這位盛京將軍在面對國家危機時，重新使行政與財政系統具機動性，並掌握財政的重要權限。

想必不用說各位也知道，趙爾巽的下一個課題是確立維持治安的體制、改組與強化軍隊。改革至今，盛京將軍除了有軍事指揮權，還有課稅權等財政的重要權限，是統整民政的地方高級官吏。可以說，盛京將軍不再只是「將軍」。一九〇七年，「滿洲」終於放棄以將軍為首的軍政系統，如山海關以西般設置省分。奉天省（現遼寧省）、吉林省、黑龍江省，通稱「東三省」。統整東三省軍政與民政的「東三省總督」取代將軍，而各省配置巡撫。首任總督為袁世凱友人——漢人官吏徐世昌（一八五五年至一九三九年），由八旗出身者掌權的慣例不再。

徐世昌在任時，發生了許多對張作霖造成重大影響的問題。因此下一章，我將循著張作霖走過的路，進一步探討辛亥革命（一九一二年）前「滿洲」的軍事與財政。

第二章

張作霖登場

他年輕時就有一副好頭腦，在夥伴間也富有人望。儘管他沒有正統的學養，但直覺強、懂應變、通人情，總是能做出適切的判斷而有一定的名聲。

一　張作霖為何成為「馬賊」？

貧窮的少年時代

本書在前言直接引用《廣辭苑》的內容，描述了張作霖的略歷，基本上不再重複。然而相信仔細閱讀本書的各位已經發現，一八七五年張作霖出生時，他的出生地還不是「遼寧（省）海城（縣）」（因辭典篇幅有限，無法詳細說明），甚至也不是「奉天省」。在此順帶一提，一八七五年是光緒皇帝即位的年分，也是日本與朝鮮間發生江華島事件的年分。

張作霖的祖先原本住在現在的河北省，應該是祖父那一代起於「滿洲」定居。許多漢人移民都是因為在故鄉無法維生，而來到「滿洲」追求新天地。然而一如前文所述，由於近代後漢人移民增加，因此越來越難擁有已經或適合農耕的良田。移民予人「開拓荒土」的形象，事實上的確有些人如此。然而我懷疑不是所有人都有在荒土生存的覺悟，也不是所有人都有抵達內地的體力。張作霖的父親名為「有財」，卻是非常貧窮的佃農。因為對未來渺茫的生活感到絕望而不務正業，最後甚至捲入賭博糾紛被殺。

即使如此，張作霖在父親過世前仍上了村裡的私塾一年。他不是完全的文盲，至少自己的姓名、簡短的文章都能讀能寫。然而他沒有接觸傳統的儒學教育，且因為父親過世而必須承擔家計，無法繼續在私塾學習。然而他從來沒有忘記私塾的教導，之後甚至請私塾的老師前來家中，為張學良等五個孩子上課。

從獸醫到「馬賊」

父親死後，張作霖曾以在街頭賣饅頭等維生，但未來渺茫的生活使他與父親一樣，開始不務正業。他成為「馬賊」的經過眾說紛紜。有人說他的母親與獸醫再婚，也有人說他放蕩一段時間後偶然結識獸醫。總之他有樣學樣地習得了獸醫的知識。當年沒有獸醫執照，但據說他的技術卓越，特別擅長治療馬匹，因而與飼養馬匹的土匪有所來往。

張作霖於甲午戰爭從軍，戰敗返鄉後又開始不務正業。明明他只是一名退役士兵，卻對自己的戰功誇大其詞。趙家廟（現黑山縣）的地主趙占元聽說後，將自己的女兒嫁給他。無房無地的他在趙家棲身一段時間後，生了長女張冠英（字首芳，張學良的姊姊）。然而娶妻生子後，他的生活態度仍沒有改變。

一八九六年左右，張作霖首次投身土匪，但他對監視人質的職務感到厭煩而離開。之後治安惡化，各地名門開始出資組織自衛隊。他也在岳父等人出資下，組織「保險隊」——我認為這是他正式成為「馬賊」的起點。

張作霖投身土匪時，因反對綁架女性而不為頭目所容，這也是他對土匪感到厭煩的理由之一。或許這也是「趙占元賞識他，任憑他不務正業也沒有放棄他，還在他需要幫助時出資」的原因。他年輕時就有一副好頭腦，在夥伴間也富有人望。儘管他沒有正統的學養，但直覺強、懂應變、通人情，總是能做出適切的判斷而經營出一定的名聲。

足見張作霖並非壞到骨子裡的壞人，只是在貧窮的單親家庭中成長，而沒有機會受教育。加上年輕氣盛卻有志難伸，對社會感到鬱鬱不平，渴望出人頭地的野心十分強烈——比如說對自己於甲午戰爭的戰功誇大其詞。或許趙占元真的需要自衛隊，但他出資也是為了讓女婿感到身負重任，進而產生自信吧。

「保險隊」時代

「保險隊」一如字面所示，向仕紳收取「保險費」，負責保護其房舍、資產。在此順帶一提，張作霖的「保險隊」原則上一公頃收取一兩銀子的「保險費」。起初的「保險區」僅以趙家廟為中心，其後擴大至附近七個村落。然而他們在「保險區」外仍會犯下掠奪、施暴、放火、綁架等罪行，與土匪沒有兩樣。這是馬賊經常與土匪混為一談的原因。

馬賊的收入比土匪穩定，卻一點也不輕鬆。一般來說，馬賊、土匪的「旺季」從秋季收成起，一直到隔年的農曆新年（約為陽曆一月底至二月中）。因為這段時間農家、商家的資金流動最頻繁。馬賊、土匪夏季時不如前述活躍，但會犯下零星的罪行。農曆新年後至春季，是馬賊、土匪的「淡季」。頭目必須適當分配收入，並適時讓手下休息。到了下次「旺季」，頭目再號召眾人歸隊。

手下因淡季、生病、受傷，或與頭目反目而暫離土匪、馬賊工作（等待頭目號召），可能從事各行各業。包括經商、做工、於旅店或餐館等店家擔任臨時人員，或受雇於地主打理家事、雜務與勞力活兒。若有一技之長就能以此維生，甚至靠賭博都可以。然而除了頭目，幾乎所有手下都無法成家，即使成家也只能在「淡季」時團聚。據說手下多是在從事「副業」時認識結婚對象。

妻子們不清楚丈夫的「本業」，往往只有在丈夫失蹤或發生不幸時，她們才會得知真相。為了溫飽，她們只有兩條路可走，一是賣春並等待可能永遠不會回來的丈夫、二是等待下一個淡季。張作霖的妻子是地主的女兒，雖然婚事由父親作主，但不知道她如何看待「自己的丈夫是土匪」一事（因為娘家富有，她當然不需要在丈夫不在時賣春）。

土匪、馬賊乍聽之下很特別，但包括女性，土匪、馬賊與市井百姓間的藩籬意外不高。位於社會底層的人，有可能是他們的鄰居、友人或同事，因此有可能受邀加入土匪、馬賊的行列。旅店主人可能因私底下（或被迫）提供頭目棲身之所，甚至物資、糧食而免於被襲擊。即使是名門望族，也很有可能為了避免受害而與他們密切來往。

「保險區」外越是暴行肆虐、「保險區」內越是治安良好，人們對馬賊的評價就越高。即使名門已倚賴某一批馬賊自衛，若有程度相當但「保險費」較低的馬賊、或更強而有力的馬賊出現，名門可能會更換合作對象。因為是「保險」，倚賴複數馬賊的情形亦屬常見——有一種市場理論在其中運作。因此馬賊為獲得金主並擴大「保險區」的競爭十分激烈。很快地，張作霖就與鄰近的「同業」金壽山（字萬福）陷入對立。

一九〇〇年爆發義和團運動，張作霖趁著社會動蕩，奪走中安堡——原本是金壽山的「保險區」。如此一來，張作霖的「保險區」增加至二十七個村落、手下增加至五十名以上。當時俄羅斯懷柔金壽山，賦予金壽山「機動隊」的角色。俄羅斯持續開發「滿洲」卻遲遲無法熟悉「滿洲」的情勢，因此需要進軍路線等詳細情報。他們召募「保險隊」這種既像自衛隊又像土匪的組織，甚至直接吸收土匪，成立負責收集情報的「花膀子隊」。「花膀子隊」有時也得上戰場，但畢竟是武裝自衛組織，因此不需要從頭訓練、整裝。俄羅斯依照情報的重要性、作戰的活躍度支付報酬，價格低廉又極有效率。站在金壽山的立場，與其辛辛苦苦擴大並維持「保險區」，俄羅斯帶來的生意或許危險但甚為划算。雙方的利害一致。

最後金壽山於一九〇一年六月獲得俄羅斯軍隊的援助，對張作霖展開反擊。張作霖只能放棄手上的「保險區」，帶著約廿名手下逃往八角台（現台安縣）。當時一名手下甚至背著他即將臨盆的妻子，一夥人好不容易才脫險。一如前言所述，長男張學良在流亡地出生。

結識張景惠、張作相

張作霖在八角台廣結善緣。首先一如前言所述，在當地經營「保險隊」的張景惠將指揮權交給張作霖。張景惠是八角台人，原本開了一間小雜貨店，販售豆腐等商品。之後因出入賭場而開始與土匪接觸、往來。甲午戰爭後的一八九五年

——與張作霖一前一後——他於八角台一帶組成約一百七十至一百八十人的「保險隊」，之後加入八角台商務會長張子雲（或紫雲，兩者皆為字。本名為程九，是科舉的貢生）組成的「保險隊」並成為隊長。張作霖帶著原本的約廿名手下逃往八角台時，便是寄身於此。八角台位於遼河西岸，有人說清末當地有超過一百個大大小小的土匪、馬賊組織。等於投身土匪、馬賊的人達三千名以上。

儘管張作霖是外來者，卻因善於隨機應變、學習吸收而人望漸高，甚至獲得「萬人喜」的稱號（土匪、馬賊通常是以綽號互相稱呼，綽號有可能比本名還要廣為人知）。張作霖比張景惠小四歲且原本勢力不大，但張景惠認為張作霖大有可為，因此將自己的「保險隊」讓給他，而自己退居二頭目。這是特例，但兩人因此成為一輩子的友人，也像日本人熟悉的「江湖道義」說的結拜兄弟。

此外，熟悉「滿洲國」的人應該還記得張景惠是第二代國務總理吧。不知道他是自暴自棄還是愚昧無知，面對任何事都只會說：「好、好」，因此有「好好閣下」的稱號。電影《末代皇帝》裡有一個場景是溥儀在撫順戰犯管理所裡了解其他戰犯的來歷，其中一個就是失魂落魄的張景惠。日本戰敗後（亦即「滿洲國」瓦解後），他被蘇聯軍隊逮捕並引渡回中國，進入撫順戰犯管理所。人民審判的結果認定他是「漢奸」，而最後他病死在戰犯管理所內。

話雖如此，這些事發生在張景惠的晚年。廿世紀初的張景惠也極具企圖心，甚至為打敗其他土匪而調漲「保險費」。只要累積了一千兩銀子，他們就會補充槍枝、馬匹，進而擴大隊伍。之後他們併吞鄰近的七個土匪組織，迅速成為當地勢力龐大的馬賊。此時——亦即一九〇一年至一九〇二年左右——張作相加入他們。

張作相與張作霖一樣，祖先原本住在現在的河北省，曾祖父或祖父那一代起於「滿洲」定居。張作相比張作霖小六歲，十六歲離鄉背井以做工維生，曾參與鐵路建設等工作。某一天，他與一起工作的親戚一同返鄉卻遭遇土匪，親戚因此被殺。為了替親戚復仇，他打探那名土匪的名字並獨自入山海關。他復仇成功後，背負殺人犯的罪名，逃往八角台。不知道他當初如何成立自己的「保險隊」，但最後他讓廿三名手下投靠張作霖。

與張景惠相反，無論「滿洲國」如何尋求合作，張作相一概不予理會。戰後，他向蔣介石建言釋放張學良，也提出各種接收「滿洲」的方法，但都沒有被採納。

國共內戰時，他被人民解放軍逮捕，但因展現亦不與國民黨合作的態度而獲釋。據說蔣介石考慮他身為舊東北軍重鎮，希望他逃至台灣，還寄了機票給他。然而他沒有答應。之後他在天津隱居、病死，一生不曾被指為「漢奸」。

回顧張景惠與張作相的人生，會發現兩人的性格有所差異。張景惠為人溫和、友善、大方但缺乏個人主見，因此晚節不保；若張作霖還活著，或許他能安穩地度過一生。相反地，張作相重情講義但血氣方剛的硬漢性格很適合馬賊或武將的工作。因三人都姓「張」，眾人以「三張」稱呼他們。據說張作霖還活著時，他們的感情很好。

結識湯玉麟

張作霖在流亡地也結識了湯玉麟，並進一步建立合作關係。漢人移民的後代湯玉麟出生於蒙古王公的領地土默特旗（現內蒙古自治區呼和浩特市近郊）——過著遊牧生活的蒙古人、「非法移民」的漢人因土地問題而衝突不斷。比起遼東半島，此處對移民的考驗更為險峻（之後提及的巴布札布於同旗出生，是被漢人移民驅趕的蒙古人）。在這樣的環境下，他自幼親近馬匹。隨著年紀增長，他因為對生活感到厭煩而成為賭徒。有一次他輸錢，賭場的人上門追討債務。他當時切下自己的大腿肉，向著對方大吼：「要錢沒有，要命一條！」我無法查證傳言是真是假，但足見他當時是個不怕死的無賴。

一八九六年夏季，湯玉麟的農作物被一匹馬踐踏。後來得知那匹馬屬於一名家境富裕且與王公有所淵源的蒙古人，但他當時在盛怒下將那匹馬殺死。雙方因賠償問題引發糾紛，他又傷害了負責談判的王公僕從。他因此被官兵追擊而逃至遼河流域，加入由苑四、苑五兄弟率領的土匪組織。當時正逢「保險隊」興起的一九〇〇年前後，因此他與「保險隊」有所往來，也因此認識了張作霖。據說張作霖遭受金壽山襲擊時，他背著張作霖的長女，懷抱必死的決心突破重圍。在那之後，他因協助張作霖強化八角台以防範金壽山而深受信賴，負責管理八角台的西北地區。

湯玉麟在張作霖政權時期，尤其是一九一〇年代後半至一九二〇年代初期，與後面章節會提及的王永江不和而處處受阻（參考第三章）。一九二六年，他負責管理熱河地區（現在的河北省至內蒙古自治區），一直到張學良承續政權。據說他是一名沉迷鴉片、賭博與買春的無良執政者，居民飽受惡政酷稅之苦。然而他不曾忘記張作霖的恩情。「滿洲國」成立時，湯玉麟受命為熱河省兼熱河軍區司令，但他一看見委任狀便說：「張雨亭（張作霖之字）是我的義弟。你們殺了我的義弟，我怎麼可能聽你們使喚！」並將使者趕走。

之後他於熱河戰役抵抗日本，但他的軍隊長年怠忽訓練，沒多久就戰敗了。不僅如此，他的軍隊就此一蹶不振，被駐屯華北的宋哲元（國軍的一部分）吸收。戰後半身不遂且出現語言障礙的他於天津隱居，於一九三七年過世。

與當地名門往來

觀察張作霖與其身邊的人物，會發現他們或多或少都有邊緣人的特質，因此要維持甚至擴大組織有其困難度。不過，任何人都有優點；張作霖的組織以他擅長掌握人心、具備個人魅力的特質為核心，使張景惠的寬容、張作相的堅毅、湯玉麟的耿直等相輔相成。張作霖也進一步與當地名門往來，強化「保險隊」的政治基礎。

八角台一帶的名門除了前述的張子雲，還有富商戴春榮、新民府的釀造業者彭氏等工商業者、舉人劉春霖（或春烺，生歿年分不明，字東閣）、舉人李雨濃（或雨農，字龍石）、秀才杜泮林（字恩波）等具科舉頭銜者。張子雲為當地的商務會長，可以說是工商業界的頂尖人物。不過工商業者與具科舉頭銜者並不是完全隔絕，雙方還是有所往來。此外，他們都是「保險隊」等類似組織的金主，表示他們與「保險隊」的藩籬也不高。之後將提及的杜泮林家族都以土匪為業，他的姪子杜立山（？至一九〇七年，字閣卿）是遼河流域最具代表性的馬賊。另一方面，劉春霖則是典型的名門，據說因致力於遼河治河、疏濬而富有人望。（卷末註❶）

從成員的性格、特質、與名門的往來來看，很難指馬賊與社會脫節。更應該說，「馬賊」反而有效地使社會底層的人們有了出人頭地的機會。當然「保險區」外的人們害怕馬賊的程度不亞於土匪，而馬賊也是官吏的取締對象；但馬賊在「保險區」內就是自衛隊。站在地方社會——尤其是名門的立場——「馬賊」＝「保險隊」是使社會底層已經（或可能）淪為土匪的人重返社會，兼顧自衛與治安的良策。

二　歸順與其後的發展

一舉兩得的治安對策

前一章提及義和團運動是「滿洲」地域史的巨大轉捩點。請容我在此再次指出義和團運動使社會動蕩、俄羅斯軍隊曝露行政、財政與軍事體制疲軟等，都是馬賊歸順政策的重要背景。本節將闡述張作霖此一馬賊如何歸順清朝，以及歸順對馬賊的意義為何。

一九〇二年三月締結的「交收東三省條約」決定俄羅斯軍隊將分三階段、每半年撤兵，以恢復清朝的主權。同時盛京將軍增祺設置「辦理南路遼河兩岸招撫局」，獎勵以遼河流域的馬賊為主的各種民間武裝勢力歸順。我認為有必要討論為何特地指定以遼河流域的馬賊為主。

前一章提及「滿洲」的遼東半島適合農耕，吸引了許多漢人移民。遼河是流經遼寧（奉天）省中心的大河，是農耕不可或缺的水源，也是南北物資運輸的重要管道。然而遼河西岸至現在的錦州市一帶——又稱遼西地區——有許多蒙古人居住。因此才有馬匹文化，也才有騎馬的土匪，亦即「原始『馬賊』」（「保險隊」的前身）。

從譚其驤主編《中國歷史地圖集　第八冊　清時期》的「盛京（奉天）」（卷末註❷）觀察遼河兩岸，可以看出現在的台安縣（張作霖逃往的八角台即在此處）北部、靠近新民縣（卷末註❸）的地區有廣大的沼澤。表示這一帶是較低的濕地，而排水不佳。此外可以確定漢人自一七〇〇年前即開始移居遼河兩岸地區，因此一九〇〇年左右張作霖在此經營「保險隊」時，當地就有許多漢人定居者，甚至有漢人名門。然而比起關內，遼西地區仍保有「新開墾」的感覺。

我認為包括容易購得馬匹、許多漢人移民因為原本就不適合農耕的土地而無法務農，是「原始『馬賊』」在「滿洲」——尤其是遼西地區——發達的原因。「原始『馬賊』」在社會扮演著「救濟貧窮人口與吸收非農業人口」的角色。十九世紀末期至廿世紀，「保險隊」逐漸脫離「原始『馬賊』」的行列，成為名門的自衛手段。然而「保險隊」仍會從事非法行為，因此還是官吏的取締對象。

然而義和團運動後，力求重建的執政者持續摸索如何在財政困難的情形下維持治安，進而判斷讓馬賊加入軍隊以討伐不歸順的馬賊與土匪，是一舉兩得的良策。事實上執政者並不期待「馬賊」歸順後就會完全金盆洗手。不僅百姓認為「兵匪一家」，這也是執政者的常識。然而只要「馬賊」加入軍隊，就等於站在執政者這一邊。執政者一聲令下，馬賊就得接受任務。執政者表面上說若歸順的馬賊從事非法行為將於內部處分，同時將歸順的馬賊排除在討伐對象外。因此，節省了討伐所需的大筆費用與大批人力。

另一方面，歸順對馬賊的意義又是如何？首先，過去的非法行為不會被問罪，可以免於一死。再者，不需日夜擔憂可能會被討伐。在地方當局財政困難的情形下，歸順無法增加多少收入，但作戰後包括表揚、升官等論功行賞也不容小覷。「保險隊」在「保險區」內屬於半公認的團體，但在「保險區」外一樣被視為土匪。因此對他們而言，獲得地方當局的公認的意義重大。儘管任務嚴峻，但以軍隊為名也得以擴大了活動範圍。

只是過去曾有許多執政者獎勵馬賊、土匪或叛軍歸順，卻出爾反爾將其處死。因此馬賊、土匪大多認為執政者之言不可信，不會輕易歸順。事實上張作霖也很猶豫是否要依法歸順。或許他認為依法歸順對他不利，因此他演了一齣劇，為歷史留下了一個有趣的插曲。

歸順的「計策」

前一章提及盛京將軍增祺在義和團運動發生時，因為害怕俄羅斯軍隊進攻而棄官潛逃。當時他的家人躲在現在的錦州市一帶——亦即遼西地區——情勢穩定後，增祺為復職而返回奉天城，家人隨後才跟上。當時增祺的家人行經的路線恰巧在張作霖的活動範圍內，當他得知一行都是婦幼且人數不多，便埋伏阻攔增祺夫人前進。然而他這麼做並不是為了綁架，相反的，他畢恭畢敬地以低姿態接待夫人。途中他述說自己的背景，希望夫人為他的歸順居中牽線。

請容我說個題外話。觀察張作霖現存的照片會發現，他的面相柔和、體型瘦弱，令人無法將他與粗獷的「馬賊」聯想在一起。或許這麼說有些語病，但我當初看到照片時，覺得他的外表很「女性」。此外我身為女性，也可以理解夫人當時的心情。想必夫人起初一定很擔心、害怕，但一看到眼前的「馬賊」與自己的想像相去甚遠且善於言詞，自然能安心地聽對方說話，甚至還會同情對方過去的逆境。

夫人一行由張作霖的手下護衛，平安通過遼西地區，並返回奉天城。夫人依約向增祺提及張作霖，使增祺留下很好的印象。之後增祺命令當時八角台的長官——新名府的知府增韞（一八六〇年至一九四六年，知府在任為一九〇二年至一九〇五年）吸收張作霖。一九〇二年八月，張作霖在張子雲等名門推薦下，正式歸順新民府。

當時名門敬增韞為「老師」，眾人皆知他為人正直清廉。此外，他從以前就一貫主張禁止女性纏足、促進女性向學等，致力於提升女性的地位。其後他擔任浙江省巡撫，在該省出生的女性革命家秋瑾（一八七五年至一九一七年）被處死時，予以厚葬。當清朝使者企圖挖墓，他為保全遺體而移葬（卷末註❹）足見名門與增祺為何如此信賴他。他不問張作霖過去的罪狀，並同意張作霖向名門收取「保險費」。相信張作霖也很感謝他的寬大處置。

收編各大土匪

張作霖歸順後隔月，便受命討伐土匪——這可以視為忠心測試，而他通過了。因此他於一九〇二年十月，升為新民府地方巡警前營馬隊的幫帶（相當於副隊長），包括馬賊時代的張景惠、張作相、湯玉麟等，約有兩百五十名部下。隔年加上步兵隊，他的部下增加為四百八十五名，他亦升為管帶（相當於隊長）。

張作霖歸順後，在日俄戰爭爆發前攻掠了許多土匪組織，大大小小光是有確切名稱的就有十一個之多。事實上張作霖的歸順本身就對周圍的「馬賊」、土匪造成巨大的影響。於新民府西北地區一帶活動的侯老疙疸（「老疙疸」在方言中為「么子」之意，而「侯老疙疸」應是指「侯家么子」）正是其一。

他與張作霖一樣，決心歸順。當他帶領四十名手下前往新民府，張作霖負責護衛的部下要求他們持槍立正。他想這表示自己也得繳械，而在增韞出現時握槍。然而當下張作霖判斷他打算開槍，立刻將他射殺。在他的手下歸順後，增韞賜了兩百支連發槍給張作霖。

所謂的「攻掠」不但包括上述這種情形，張作霖在討伐大馬賊杜立山時，也用了一些欺騙手段。歸順馬賊若正面迎擊勢力龐然的馬賊、土匪，可說毫無勝算。同時地方當局也希望盡可能減少軍隊的損失，才會讓馬賊去打馬賊。因為知道過去有許多人的遭遇與侯老疙疸一樣，張作霖歸順前才會如此慎重。

此外，張作霖在一九〇二年時，討伐手下逾一百名且大半為蒙古人的土匪海沙子。此舉應該是為了報復海沙子過去在他位於八角台一帶的「保險區」作惡。由此可知，他歸順後仍保有「馬賊」時代的特質。一九〇二年時的攻掠沒有成功毀滅海沙子的組織，但仍使他們自內部分裂，最後解散。可見離間計也是討伐土匪的方法之一。之後海沙子被補、處死。

除了討伐作戰，土匪歸順後還有其他風險。例如遼西的大土匪江顯珍，就是千鈞一髮的例子。當新民府招順他，他同意了。然而他認為最後增韞提出歸順條件不符合自己的要求，甚至一怒之下在新民府辦公廳內開槍。當時增韞見狀，連忙鑽進桌子底下，免於一死。躲在暗處的張作霖與其手下立即反擊，射殺江顯珍。餘黨則命其歸順或解散。

張作霖傾所有智慧，活躍於討伐、招順馬賊與土匪。他也救過增韞的命，因此深獲信賴。然而光是如此，他無法平步青雲，得伺機施展權術。前文提及步兵隊在之後加入他的陣容，其實背後有一段「驅逐新民府巡警局長兼練字軍第一步兵營管帶（新民府的巡警與軍隊的職掌分擹不明確）王奉廷」的故事。加入其陣容的步兵隊原本隸屬於王奉廷，表示他因此掌握了新民府的軍事權與警察權——他日後也經常使用這種以下犯上的手法。

三 「馬賊」與張作霖的日俄戰爭

「馬上皇帝」杜立山

張作霖曾參與甲午戰爭。當時他只是甫弱冠的士兵，自顧不暇。歸順後，他成為率領近五百名部下的隊長，責任重大。有別於甲午戰爭，對他而言，與日本軍隊接觸的日俄戰爭更具意義。

日俄戰爭時，俄羅斯軍隊組織「花膀子隊」，將金壽山等「馬賊」訓練為軍事間諜，甚至考慮將他們投入戰場（參考本章第一節）。為了抗衡，日本也由花田仲之助（他當時在中國被尊稱為「花大人」）組織「東亞義勇軍」（或「滿洲義軍」、「忠義軍」）——雙方爭奪馬賊、土匪的情形越演越烈。這部分對於日本軍隊之後採取的各種謀略（比如說後述的第一次「滿蒙獨立」運動、第二次「滿蒙獨立」運動）造成莫大的影響。同時日本軍隊以大陸浪人，唆使中國的革命派（參考本章第五節），情形十分複雜。不過此處僅探討「馬賊」對張作霖而言的意義。

首先，兩軍爭奪的馬賊大多出身遼西地區。本章第二節提及遼西地區原本就有騎馬文化，而「馬賊」是讓在此無法從事正業的人們負責維持治安的策略。本書所指的馬賊是以「保險隊」為代表的「馬賊」，包括張作霖、金壽山、杜立山與馮德麟（一八六六年至一九二五年）等各組織。

杜立山是杜泮林——張作霖的義父——的姪子，而除了父親杜寶增、叔叔杜泮林，杜立山的所有叔伯皆為知名土匪。他們的活動範圍廣大，包括遼陽州、新民府與海城縣（亦即以遼河兩岸為中心）。到了杜立山這一代，他們在主要據點建造砲台、修渠築堤並加強防禦。宅邸門禁森嚴、通道複雜，是極為易守難攻的結構。

杜家也是地主，擁有約五十三公頃的良田。無論當年的收成如何，杜家皆向佃農收取大筆租金。此外，杜家甚致公然設立自稱「官辦」的管制站，並派遣手下前往「課稅」。有這麼一說，杜家的手下「騎馬隊逾六百」。（卷末註❺）隨著勢力坐大，杜家在營口附近的渡口設置「課稅」的小屋，販售穀物的船自營口出發時每艘收取兩元、運送貨物的船返回營口時每艘收取五元。此外，在「保險區」

外則是以「巡警」之名購買武器、掠奪居民。

像杜立山這樣的大「馬賊」，副業、非法行為的規模都不容小覷，不需要與其他人爭奪「保險區」。根據前述的內容，他彷彿是德國中世紀的封建領主在建設城池、經營莊園，於萊茵河的沙洲設置「課稅」的管制站，也像是日本鎌倉時代末期至南北朝時代的「惡黨」。與其說他是「馬賊」，不如說他是「土豪」。與他相比，迅速成長的張作霖也只是中級的「馬賊」，遠遠稱不上「土豪」。

令人意外的是，杜立山本人不賭、不毒、不酒，只喜歡騎馬與射擊。儘管他正己守道，所帶領的組織卻野心勃勃。乍看之下或許很矛盾，但這也顯示「馬賊」不只是邊緣人的結合體。之後將提及杜立山成為馮德麟的手下，累積了「馬賊」的資歷，卻因不遵守規則而被組織孤立，最後自立門戶。不過杜立山沒有斷絕與馮德麟的關係。日俄戰爭時，他的「馬賊」生涯邁向巔峰，甚至自稱「馬上皇帝」。在馮德麟的邀請下，杜立山曾經加入「東亞義勇軍」。

大「馬賊」馮德麟

嚴格說起來，馮德麟才是真正的大「馬賊」。有別於出身富裕的「土豪」杜立山，他與張作霖都是貧農之子。十七歲加入名為「田寶亭」的土匪組織，之後集結遊民、賭徒、退役士兵等人獨立。以「保險隊」為代表的「馬賊」，始祖正是馮德麟。當時他的金主是劉春霖，而劉春霖之後也是張作霖的金主。當馮德麟的勢力坐大，劉春霖便進而求官，並獲得「遼河屯三界總巡長」的頭銜，要求當局承認他們的組織等同警察。

馮德麟的「保險隊」之所以較張作霖晚歸順，正是因為與當局早有來往。或許是因為自衛色彩強烈，他在義和團運動時即曾與俄羅斯軍隊交手。當俄羅斯軍隊逮捕並以汽船押送他時，他即使被殺也不足為奇。所幸在中國籍加煤手的協助下，他躲藏在煤堆後方，並趁汽船靠岸時伺機脫逃。其後他重操舊業經營「保險隊」，並在日俄戰爭前成為同業之中的翹楚。根據宋教仁的說法，一九〇五年時他的「保險隊」至少有「騎兵隊達七百」的規模。（卷末註❻）而考慮到過去他的「保險隊」曾受當局承認等同警察，因此官吏也不好出手。

在此提一個題外話。即使當局下令討伐，清朝的官軍大多只會在大規模的馬賊或土匪面前「演戲」當作「執行任務」。比如說提供對方需要的武器、彈藥與馬匹，避免實際作戰；實際作戰時裝模作樣，為對方準備脫逃路線等。如此一來，彼此都能減少損失。張作霖歸順後不一定與討伐對象正面作戰，也是相同的道理。馮德麟與張作霖間的淵源不明，本章第一節曾提及，張作霖於一八九六年曾投身土匪，而有人認為當時是透過馮德麟引介。

一九〇四年四月，馮德麟被日本特務收買，而邀請杜立山一同加入「東亞義勇軍」。據說自從義和團運動時被俄羅斯軍隊逮捕而面臨生死關頭，他就對俄羅斯十分反感。前文提及金壽山加入俄羅斯軍隊成立的「花膀子隊」，但在他的勸說下於夏季倒戈。他們回應日本軍隊的需求，於各地展開游擊戰，愚弄俄羅斯軍隊。同時，他們向清朝的官軍索討需要的武器、彈藥。馮德麟甚至曾與杜立山共謀，偷襲駐屯於遼中縣西部的清軍，掠奪了三百枝連發槍。杜立山不滿俄羅斯軍隊，卻也對馮德麟聽從日本軍隊指揮一事感到厭煩，而漸漸單獨行動。這是杜立山與馮德麟於戰後對立的主因。

最後馮德麟部隊的戰功彪炳——射殺逾卅名將校以上的士官、射殺逾一千名士兵、俘虜十九名士兵、射殺五十匹軍馬，戰利品除了六十九挺槍、三萬顆彈藥、八十件馬鞍，還有一四二〇隻牛、五十三隻羊、五十件衣服等。相信有留下記錄的部分已被確認，而一想到其他沒有留下記錄的掠奪、暴行，就讓不禁想要嘆氣。滿洲除了遭受日俄兩軍肆虐，「機動隊」也造成滿洲不少損害。

由於張作霖當時已非馬賊，也較難釐清他是否曾加入「東亞義勇軍」。然而他的軍事嗅覺敏銳，想必不可能毫無作為。包括《對支回憶錄》等日本方面的史料大多強調：「張作霖在日俄兩軍間從事間諜活動時，被日本發覺而被判處極刑，在滿洲軍參謀田中義一（一八六四年至一九二九年，張作霖於其擔任日本首相時被炸死）求情下才免於一死。從此他在日本面前，再也抬不起頭來」。這是「張作霖是日本的傀儡」一說的根據，但感覺有些不自然，因此我不太敢斷言此事屬實。加上像金壽山那樣自俄羅斯軍隊投靠日本軍隊的情形，張作霖若是雙面間諜也不足為奇。甚至有些馬賊、土匪以日俄兩軍為後盾，偷襲清朝的官軍。就這層意義來說，也不宜輕率做出結論。清朝表面上向日俄兩軍宣告「局外中立」，命令官軍不得擅自行動。然而在激烈的戰場上，發生任何情形都無法預料。想必當時張作霖一定也很緊張。

日俄戰爭後，增祺於一九〇五年卸任盛京將軍，改由趙爾巽擔任。馮德麟與金壽山在日本軍隊斡旋下得以歸順清朝，這也可以說是日本軍隊努力對他們論功行賞的結果。

協助馮德麟歸順的邊見勇彥（中國名為江崙波，是日本「馬賊」之一）在回憶錄《馬賊奮鬥史》（卷末註❼）中提及，起初趙爾巽看不起照顧馮德麟等馬賊的日本軍隊（這是邊見的個人觀感），決定先給予官軍的待遇兩三個月。若沒有問題，再正式任用。這段內容與張作霖歸順時的情形相似。

然而趙爾巽不如增韞寬大，對他們於「馬賊」時代的所作所為耿耿於懷。面對反覆質問，馮德麟「強烈反彈」，並堅稱「馬賊」是在代替被俄羅斯欺凌卻束手無策的清朝充實兵力。由於氣氛凝重，邊見決定先帶馮德麟離開，並請滿洲軍參謀福島安正（一八五二年至一九一九年）居中協調。他們向趙爾巽提出的條件為：①每月支付機密費一萬兩（得於當地徵收）、②不得以限制兵力、指定駐屯地等方式干涉、③由邊見負責指導、監督，期待保全馮德麟。

趙爾巽的態度強硬，提出下列要求：①削減兵力、②將騎兵隊改為步兵隊（想必是為了降低其戰鬥能力）、③由盛京將軍府派遣官員負責監督、④除了機密費一萬兩，不得於當地徵收、⑤任用為官軍後，由盛京將軍決定其職務。然而邊見堅決反對，最後趙爾巽撤回前述要求，同意馮德麟歸順。據說其字「麟閣」亦是於此時獲贈。爾後馮德麟成為巡防營（卷末註❽）的統領。只要與張作霖歸順的過程相比，就可以深刻感受到當時雙方僵持的場面，有一定的可信度。

金壽山歸順的過程沒有詳細記錄，但他就任巡防營的幫統，駐屯於現在的遼寧省鐵嶺縣至開原縣一帶。他成為清朝的官軍後，仍沒有放棄擄掠等勾當。到了民國時期，身為鐵路守備隊的他亦未收斂。其惡行惡狀，可以說是「官匪」的最佳寫照。據說他最後被張作霖誘殺。

相對於馮德麟、金壽山順利歸順清朝，在日俄戰爭時單獨行動的杜立山則沒有這種機會。結果他是殘留於遼河兩岸的最大的馬賊勢力，因此被視為討伐的對象，由張作霖率領部隊擊潰。這部分的內容且留待後述。

四　「滿洲」新政

兵力改組

前一章最後提及，一九〇七年滿洲改行總督、巡撫制，而徐世昌就任首任東三省總督一事意義非凡。幾經內憂外患，清朝中樞（尤其是慈禧太后）終於決定施行新政，並由戊戌政變時捕殺變法派的袁世凱掌舵。徐世昌之所以破格就位新設的重要官職，一手掌握滿洲的行政、財政與軍事，正是因為他是袁世凱的好友。徐世昌為了不負眾望而投注心力，卻白忙一場，但這不是徐世昌的責任。

清朝於一九〇一年發布「預約變法」上諭，推翻了三年前反對戊戌變法的結論，然而具體的改革遲遲沒有進展。袁世凱與清朝中樞構想自滿洲打破僵局，首先自改革地方行政、財政與軍事體制著手，再推廣至全國。除了優先於東三省實施各項改革，並賦予總督、巡撫改革所需的自由裁量權。當時清朝的財政十分困難，但徐世昌竟仍獲得「磅餘銀」（卷末註❾）做為改革的資金。

「滿洲」是清朝的故地，必須加強防禦體制以因應日俄的軍事威脅。此外滿洲行政與財政長年脫軌，直到趙爾巽擔任盛京將軍才著手改革，達到了一定的效果。然而滿洲還是需要重整、復興與發展。當時徐世昌認為自己有四大課題：①建設交通建設、②使三省財政統一、③整頓與強化維持治安體制、④重振產業。其中，本書將以③為重點，探討軍隊與軍事經費的問題。

徐世昌赴任當時，除了八旗兵，東三省整體的兵力包括奉天省與吉林省各近兩萬、黑龍江省近四千人。加上義和團運動後，張作霖、金壽山、馮德麟等許多馬賊、土匪歸順軍隊（舊軍，巡防隊等），經費徵收、軍糧配給等的方法五花八門。基本上，徐世昌認為當時兵力的質與量皆無法對抗日俄兩軍。

無論考量經費、訓練或裝備，東三省都無法以自己的精銳部隊防衛整個滿洲。因此徐世昌利用他與——身為直隸總督與北洋軍實際指揮官的——袁世凱的關係，將北洋軍第三鎮（相當於舊日本軍隊的師團）自直隸省移往滿洲，並自第二鎮與第四鎮挑選人員成立第二混成協（即「二協」，「協」相當於舊日本軍隊的旅團）

亦移往滿洲。接著將張作霖等歸順者所屬的巡防隊，加入成立於下一任總督錫良時代的第廿鎮。然而第廿鎮並非「滿洲」土生土長的部隊，而與由北洋軍第五鎮與第六鎮部分人員成立的第一混成協等來自外地的部隊合作。

足見東三省的防衛體制十分倚賴北洋軍，平常也可以看出北洋軍（亦即新軍）與巡防隊（亦即舊軍）之間的差異。徐世昌曾於《東三省攻略》卷七（財政 奉天省）（卷末註⑩）提及他如何使用前述的「磅餘銀」：大多使用於陸軍，尤其是移駐的北洋軍。史料記錄，第一、第二混成協移駐後的必要經費，先以原本的金額支付，再另外補貼因東三省物價高漲而不足的部分。當時計畫要求巡防隊接受與新軍一樣的訓練，拉近雙方的水準。客觀來說如此一來，巡防隊實難擁有特別待遇，最後一定會被新軍同化、吸收。

歸順部隊即使脫離了因非法而被討伐的危險，仍相當難以保障收入。即使如此，張作霖等人被交辦的任務並不輕鬆。就「飽受壓榨，一旦派不上用場就被棄若敝屣」的意義來說，他們還是位於社會底層的人們。因此，金壽山等人才會無法擺脫馬賊、土匪時代的體質。

張作霖成為歸順部隊長

當時張作霖首先面對的是討伐杜立山——可以說是收拾日俄戰爭的殘局。杜立山錯失歸順的機會後，以馬賊的身分返鄉。他的非法行為更加大膽，甚至不時刻意挑釁。他與馬賊田玉本（根據宋教仁的說法，擁有騎兵隊逾一百）（卷末註⑪）合作，擴大了活動範圍。

張作霖擊潰規模較小的田玉本勢力後，委託他的義父杜泮林出面。杜泮林信賴張作霖，因此認同歸順的提議；杜立山因杜泮林是秀才，且在地方上享有聲譽，十分敬重杜泮林的意見。張作霖以慶祝杜立山歸順為由設宴款待兩人，乘隙逮捕杜立山。杜立山被押送至新民府辦公廳，在知府見證下處死。對放蕩不羈的大馬賊而言，這樣的結局或許索然無味了些。

在此之後，遼河兩岸——尤其是遼西地區——終於恢復平靜。一九〇九年初期，張作霖受命「統括騎兵、步兵共九大隊，駐屯洮南（府，一九〇八年設置）、蒙古邊境一帶」。此處的主要勢力——經驗老道的蒙古馬賊陶克陶（胡）一邊觀察情勢一邊改變合作對象，得以神出鬼沒。適用於漢人「馬賊」、土匪的策略遲遲起不了作用，就連張作霖也無法應付。結果陶克陶逃至轄區外，也無法追捕（在此順帶一提，陶克陶於一九二二年病死）。

張作霖與此次協助討伐的孫烈臣（一八七二年至一九二四年）氣味相投，並於一九〇九年春季再次合作，順利擊潰過去數次討伐未果的蒙古馬賊白音大賚。之後孫烈臣長年跟隨張作霖，於民國時期歷任黑龍江督軍兼省長、吉林督軍兼省長等要職。足見張作霖信賴孫烈臣的程度，甚至高於馬賊時代以來的部下。事實上「馬賊」時代的部下不是所有人都完全服從或崇敬張作霖，但孫烈臣一輩子都忠於張作霖。

新設警察組織

除了軍隊改組，徐世昌進行所有改革都十分倚賴袁世凱。此外，他在因應改革而新設的單位進用了許多「自己人」（皆非「滿洲」人）引發仕紳不滿。加上他為了補足龐大的人事費、工程費而陸續增加了許多稅目，導致原本為了復興與重建而展開的新政開始陷入本末倒置的狀態。

壓垮徐世昌的最後一根稻草為奉天省城的罷市事件。導火線是明明巡警局的經費已有商業稅「鋪捐」支應，但他為補不足又新設稅目「房捐」。

徐世昌企圖以「鋪捐每年徵收廿五至廿六萬元，但巡警局需要五十萬元」為由服眾，然而他無法提出根據，因此總商會強烈反對。他拘留堅決要求免除房捐的總商會理事，導致爆發罷市事件。發生這樣的醜事，徐世昌連忙釋放理事、減免部分房捐，以求和解。同時他做出兩敗俱傷的決定：撤換巡警局總辦與總商會總理。然而就在此時，袁世凱於北京政界失勢，遭前總商會總理（非徐世昌撤換之人）彈劾而轉任郵傳部尚書，必須離開東三省。儘管轉任郵傳部尚書非貶官，但這可以說是失去後盾的袁世凱被迫負起失敗的責任。

前文提及清朝有如警察般維持治安的組織——綠營（前一章），因此難以導入近代警察系統。事實上徐世昌亦為一九〇五年新設的巡警部（如以日本的制度比喻，兼具各地警察廳與首都警視廳的作用）的首任尚書（長官）。當初之所以新設巡警部，原因有二。一為袁世凱於天津接受川島浪速（川島芳子之養父）等日本人的建言後上奏，順利整頓巡警制度。二為徐世昌也遇襲的刺殺出洋考察五大臣未遂事件。日俄戰爭後，不僅滿洲陷入動蕩，因此而得力的革命勢力也出現脫軌行為。維持首都的治安是迫在眉睫的課題，想必徐世昌一定對自己在首都新設警察組織一事感到自豪吧。

義和團運動後，包括奉天城、張作霖歸順的新民府，滿洲的警察組織也經過調整（不過從前文提及的職稱來看，新民府的巡警似乎也兼任軍務），遼陽州則直接將不同於馬賊的民間自衛武裝勢力「鄉團」納為警察組織。發生太平天國之亂時，曾國藩、李鴻章組織的義勇兵亦為鄉團，且兩者的性質相近。不過此處的鄉團與在歷史上稱湘軍、淮軍而為人所知的鄉團不同，不僅規模較小，領導者（名門）的地位也較低。其由來可以追溯到甲午戰爭，較前文探討的「保險隊」出現得早。

與保險隊相比，可以看出兩者的差異。名門只是保險隊的金主，卻是鄉團的領導者。儘管名門領導鄉團的風險比支持保險隊大，但官吏有時會委託鄉團討伐土匪，因此「鄉團」的社會認同度遠比「保險隊」高。

與地方知識分子的接觸

遼陽是與奉天並列的古都，在遼（九一六年至一一二五年）、金兩朝都列為都城之一（東京，前述王朝有許多都城），清朝的後金時期亦然。先不論漢人的移民問題，就文化、歷史面來看，遼陽的確較遼西地區「開化」。因此名門對遼陽或多或少懷抱驕傲與情感。根據我的了解，史料記載以遼陽為主要據點的武裝自衛組織有三個。

其中，由袁金鎧（一八七〇年至一九四七年）組織的「鄉團」最小，但考慮袁金鎧與張作霖的關係，這個鄉團還是很重要。根據《遼陽縣志》記載，袁金鎧是半拉山的素封（編註：指沒有官位，但擁有大批資產之人），自己組織「鄉團」，於一九〇二年擊退名為陳小玩的土匪。若只是如此也就罷了，他以鄉團為墊腳石，兩年後就任遼陽警務提調（相當於局長）並進入遼陽當局，甚至奉天官界。自從袁金鎧組織鄉團，之後於張作霖政權扮演重要角色的王永江（一八七一年至一九二七年）、于沖漢（一八七一年至一九三二年）就與袁金鎧合作，一直到袁金鎧就任警務提調為止。雙方都以遼陽的警察組織為起點，持續累積資歷。

袁金鎧、王永江、于冲漢等以科舉為目標的知識分子，因義和團運動導致科舉混亂而無法繼續向學，可以說是時運不濟。既然無法以考取進士為目標，扛起防衛鄉土的大旗就成了出人頭地之路，而方法不外乎兩種。一如張作霖般一無所有地投身土匪、馬賊、警察或軍隊（或可能從一處遷往另一處）；二如前述知識分子因應時局，成為鄉團、警察或地方官吏。然而讀者可能不太了解警察與地方官吏之間的關聯性。

觀察一九〇七年徐世昌總督任上制定的「巡警總局局制職掌章程」，可以看出巡警總局設有總務、行政、司法、衛生、捐務等五課。其職務範圍極廣，比如說行政課有治安、交涉、戶籍、營業、交通等各股，從掌握各國領事館員與軍隊的動向，至戶籍編纂、商業取締等市政業務，包山包海。彷彿警察署、市公所、保健所、稅務署、地方法院等單位合為一體。簡單來說，巡警總局是總括民政的組織。

在清朝原本的統治體制裡，近代警察系統本身顯得突兀。加上近代特有的民政問題，才會出現前述情形。等於經手警政，必須了解各種民政問題。不過也因此多了一條出人頭地之路——成為地方官吏。袁金鎧等人應該不是一開始就對這一切了然於心，只是在為地方奉獻的過程中，不知不覺變得如此而已。

無論如何，這樣的經歷都使他們與張作霖產生交集，意義重大。張作霖只認識土匪、馬賊、（兼任巡警的）軍隊，與擁有科舉頭銜的金主，若少了擁有警政經驗的袁金鎧等人，將無法處理各種民政問題；而袁金鎧等人結識張作霖最大的好處，則是使當地具備維持治安的部隊，將維持治安一事交給張作霖。亦即雙方分工合作，袁金鎧等人專心處理民政、張作霖統括軍事。

儘管都是以維持治安為目的，但「滿洲」各地的軍隊與警察卻不盡相同。有些地方像新民府，未明確區分兩者的職掌；有些地方像遼陽州，警察機構已相當完善。下一節將探討使張作霖與袁金鎧結合的關鍵事件——辛亥革命。

五　辛亥革命與「滿洲」

宋教仁赴滿

不只是地方執政者、日俄兩軍對「馬賊」感興趣，至今經常提及的革命家宋教仁（一八八二年至一九二二年）也企圖於革命運用「馬賊」。孫文構想推翻清朝可從華南等邊境開始，而宋教仁認為若不攻下首都與清朝的故地「滿洲」就沒有意義。宋教仁非孫文（興中會）直系，與黃興（一八七四年至一九一六年）一同創立華興會。在同盟會統合各革命團體後，他是眾人看好的次世代領袖。民國建立後，他參與制定相當於憲法的臨時約法，並於實質統率國民黨的大選獲勝。然而就在國會開議前，被見不得他迅速崛起的袁世凱暗殺。

之前宋教仁在起義失敗後逃至日本（一九〇四年），即時觀察日俄戰爭的演變。他積極收集各種文獻，對「滿洲」頗有研究。加上他認識曾加入東亞義勇軍且十分了解馬賊的日本人（萱野長知、古川清等），便對「滿洲」又更加關注。隔年他寫了《廿世紀之梁山泊》，將「馬賊」明確分為日本派、俄羅斯派、獨立派（與親近清朝者），記載頭目的姓名、手下的人數、活動的地區與特徵等。包括日記等個人著作，他從未以「胡子」稱呼馬賊，而是統一使用「馬賊」——他應該是近代第一個這麼做的中國人。

一九〇七年，他計畫赴滿。當時他請同志事先調查，與在中國、朝鮮邊境（「間島」地區）擁有強大勢力的「馬賊」有很好的互動。之後，他與古川清一同赴滿，於當地撰寫檄文，呼籲「馬賊」加入革命行列（當時他以「馬軍」稱呼「馬賊」）。檄文的對象包括金壽山。結果他見到於中國、朝鮮邊境活動的李逢春與韓登舉，韓登舉甚至盛情款待他。

李逢春應為土匪，而韓登舉亦不符合我於第四章為本書定義的「馬賊」。首先，韓登舉的活動形態與「馬賊」不同。韓登舉是大土豪、武裝自衛組織的領導者，甚至擁有某種清朝公認的自治權。與至今出現在本書中的人物相比，其土豪的程度超越杜立山、獲得官吏公認處勝過馮德麟。儘管他與袁金鎧同為武裝自衛組織的領導者，但規模遠大於袁金鎧。

由於宋教仁透過日本人認識「馬賊」，才會將土匪、土豪也納入「馬賊」之列，這無可厚非。另外他此次赴滿，完成了一個重大目標——成立中國同盟會遼東分部，算是成功收場。然而滿洲出身的同盟會員張榕（一八八四年至一九一二年）等人，反對宋教仁倚賴馬賊起義的計畫。結果由於同行的古川清密告，導致計畫曝光，宋教仁等人只能再次逃至日本。

儘管此計畫一開始便出師不利，宋教仁仍高度關注「滿洲」並持續與他們口中的「馬賊」往來。他沒有白費在「滿洲」時接觸的見聞、在日本時收集的資料，完成《間島問題》一書。出版此書時，仍在逃亡的他使用了筆名。由於他主張「間島」地區為清朝固有的領土，引起了慈禧太后的注意，慈禧太后還派人尋找作者。

一九〇七年，革命派軍人吳祿貞（一八八〇年至一九一一年）任軍事參議、延吉邊務幫辦。為了因應日本軍隊干涉「間島」地區，負責對「馬賊」懷柔。包括「間島」問題，隔年他將所有發生在清朝與朝鮮的邊界的情形寫成《延吉邊務報告書》，並強調「間島」地區是清朝固有的領土。辛亥革命——尤其是二協協統藍天蔚（一八七八年至一九二一年）的起義——後，土豪、土匪與武裝自衛組受到前述影響而於滿洲各地響應。

辛亥革命發動

駐屯於湖北省武昌的新軍於一九一一年十月十日起義——幾乎所有教科書都視這一天為辛亥革命發動的日期。隔天新軍占領湖廣總督衙門，並宣布湖廣兩省獨立。接下來一個月，中國舊有的十八個省分，有十四個省分宣布獨立。照理來說，多數派——亦即宣布獨立的十四個省分——或者說革命派應該握有主導權。相信在當時獲選為臨時大總統，並於隔年一月一日宣布中華民國建國的孫文也這麼認為。然而一如第一章所述，現實並非如此。

未宣布獨立的四個省分為直隸、河南、山東與甘肅。進一步來說，前述的內容只有計算舊有的省分，而新設的奉天、吉林、黑龍江等東三省、新疆省也未宣布獨立。觀察地理位置，未宣布獨立的省分位於華北中樞與西北，相當於整個「滿洲」。直隸省為現在的河北省，除了是北京所在地，也是前直隸總督袁世凱的政治基礎，十分重要。與直隸省相鄰的河南、山東兩省，也與袁世凱有很深的淵源。袁世凱在前者出生，而義和團運動發生時，袁世凱於後者擔任巡撫。整體而言，袁世凱在這些省分具有高度影響力。甘肅、新疆兩省位於西北部的邊境，是與（企圖於中亞擴張勢力的）俄羅斯對峙的軍事要衝。

若對教科書的內容囫圇吞棗，就會出現盲點。事實上未宣布獨立亦即起義失敗的省分占地遼闊，且政治、軍事地位極高——這應是袁世凱不改強悍的原因之一。

本節將探討東三省（尤其是奉天省）革命的演變與張作霖的動向。武昌起義時，東三省總督為趙爾巽。首任總督徐世昌基於前一節提及的原因，於一九〇九年離開「滿洲」，錫良（一八五三年至一九一七年）就任第二任總督。在此前一年，光緒皇帝、慈禧太后相繼過世。等於一九〇九年就是年幼的宣統皇帝溥儀（卷末註⓬）即位的隔年。同時北京政界紛紛擾擾，宣統皇帝的親生父親——就任攝政王的醇親王載灃（一八八三年至一九五一年），罷免了過往威風八面的袁世凱的主要官職，袁世凱只得暫時隱居。事實上徐世昌卸任也與此有關。

錫良出身蒙古八旗，進士及第後曾擔任山西巡撫、河南巡撫、熱河都統、四川總督、雲貴總督等地方父母官，勤勉為政，深受攝政王信賴。他除確實統整徐世昌時代荒廢的行政與財政，更無懼日俄兩國的壓力，嘗試向美國借款舖設鐵路；他的政績還包括在短時間內平息鼠疫。不過他的言行舉止也曾觸犯朝廷，包括因同情國會請願運動而屢屢接受陳情、領銜代奏等。辛亥革命前的情勢越來越緊張，他判斷自己的處境危險而藉病辭職，將東三省總督一職交給曾任盛京將軍的趙爾巽。

錫良時代的「滿洲」駐軍，於一九一〇年至一九一一年間有很特殊的人事異動——陸續任命吳祿貞任北洋軍第六鎮統制（相當於師長）、張作霖過去隸屬的張紹曾（一八七九年至一九二八年）任第廿鎮統制、藍天蔚任二協協統（相當於旅長）。他們三人都是革命派的將校，且皆曾赴日本陸軍士官學校留學，有「士官三傑」之稱。

袁世凱培育的新軍中，為何有革命派的指揮官？況且當時充滿前景未明的氛圍；相信不熟悉中國近代史的讀者，一定會覺得不可思議吧。簡單來說，新軍是指新式軍隊，因此召募了許多受近代士官教育、具留學經驗的人。

自一八七〇年代起，近代中國就有人赴歐美留學，但為數不多。加上當時官界仍以科舉為重，留學後不一定能確實發揮所長。甲午戰爭戰敗後，洋務派官吏認為日本亦使用漢字，若向日本取經，勢必能有效吸收其近代化的成果。加上日本以提供公費補助等，積極接受留學生。一直到日俄戰爭左右，日本已接受數千甚至一萬名留學生。然而有違於清朝打的算盤，前往國外學習的留學生目睹國外的進步與母國的慘況而感觸良深，許多人因此決心改革。逃至日本的變法派、革命派眼見機不可失而展開宣傳。

因此一九〇五年同盟會於東京創立時，才會有如此多的留學生加入。

擔憂革命風氣一發不可收拾的清朝向日本抗議，並於當年制定了「清國人留學生取締規則」使日本留學潮退燒。無法繼續留學或希望盡早行動的留學生開始陸續歸國。與一心參加科舉的知識分子相比，留學生的見聞廣、知識新，是新軍等新設機關特別需要的人才。加上傳統的知識分子不齒從軍，即使對方曾經參與革命運動，難以召募人才的新軍也只能睜一隻眼、閉一隻眼地錄取，甚至重用留學生。因此革命派勢力在新軍中逐漸擴大。

接著我將探討既然新軍有這麼多優秀的革命派軍人，為何「滿洲」起義會失敗？

革命派受阻

總督趙爾巽在視察黑龍江省時聽聞革命爆發一事，隨即採取行動。有別於盛京將軍增祺於義和團運動時棄官潛逃，趙爾巽只花了五天時間就返回有可能成為「滿洲」革命中心的奉天省城，並全面掌握資訊，同步透過巡警局要求華語報紙延後刊登與革命有關的報導。革命派中有許多諳日語的日本留學生，因此也同時委託日本總領事處理——大連、旅順所在的關東州、滿鐵附屬地等發行的——日語報紙的延後報導事宜。這一點執行得十分徹底。革命派無法接收國內各地的資訊，對之後的起義感到猶豫。這為當局爭取了許多時間。

當時革命派在滿洲有優勢也有劣勢。首先是優勢，包括前文提及可以期待馬賊加入，且滿洲駐軍的指揮官有「士官三傑」。進一步來說，關東州、滿鐵附屬地算是治外法權地區，即使購買武器、召募士兵，清朝官吏也難以追蹤。

反觀劣勢有三：一為關於革命的資訊完全被隔絕；二為儘管駐軍由革命派指揮，仍是袁世凱的精銳部隊，不一定會聽從指揮官的命令；三為不確定駐屯於滿洲的三萬名日本軍隊、盤據在北方的俄羅斯軍隊會如何行動。自長江流域至華南的革命勢力也難以前往滿洲協助。結果，只能由年輕的領導者張榕集結滿洲的各種反體制勢力，於滿洲起義。

張榕等革命派無法毅然決然地採取行動，就這樣過了數個月。一九一一年十一月十二日，奉天省城成立後由趙爾巽擔任會長的保安公會。時任參議總長的袁金鎧也是諮議局（立憲運動時於各省設置的地方議會）的副議長，也推薦張榕擔任參議副長。然而保安公會的基礎自成立就不夠穩固。說穿了，趙爾巽並不打算實施共和制。為了避免革命派掌握主導權，會場配置了許多張作霖的部下。一旦革命派企圖發言，張作霖的部下就會以槍口指著對方。根本不可能進行民主式的對談。同月十六、十七兩日吉林、黑龍江兩省也成立保安公會，由巡撫擔任會長。

袁金鎧建議趙爾巽，請駐屯奉天的中路巡防隊，駐屯洮南府的張作霖部隊（亦即前路巡防隊）入城。率領七大隊的張作霖受趙爾巽之命：「派前路騎兵、步兵各一大隊入城」，要求兩大隊輕裝移動入城。

簡單計算起來，此時張作霖的部隊只有三二〇名士兵。不過滿洲駐軍是客軍——亦即新軍——且由革命派指揮。即使張作霖是歸順馬賊，相信他入城還是使趙爾巽鬆了一口氣。趙爾巽獲得能自由行動的軍隊，使情勢更加不利於革命派。因此由趙爾巽主導的政治體制迅速成立，而革命派無可置喙。

前述的「士官三傑」中，張紹曾革命前自新民府前往直隸省永平府灤州（現河北省灤縣）參加軍事演習，因此不在奉天省。當他得知武昌起義，立即要求清朝立憲，無果，遂與吳祿貞一同起義。聯合北上的國民革命軍，於灤州與清朝的鎮壓部隊作戰。吳祿貞之所以人在灤州，也是受清朝之命。當相鄰的山西省於十月廿九日建立革命政府，將第六鎮全數移往灤州以防衛首都。結果吳祿貞於十一月七日遭暗殺，第六鎮再次由袁世凱指揮。由於張紹曾幾乎沒有手下隨行，因而陷入苦戰。最後直隸省並未宣布獨立。

滿洲革命派倚賴的「士官三傑」有兩人不在奉天省，且駐軍的第六鎮全數移往灤州。不僅如此，吳祿貞很早就遭暗殺、張紹曾在直隸省起義，兩人都無法返回滿洲。最後滿洲只剩沒有指揮官的第廿鎮與藍天蔚率領的二協，約五千名士兵。

此處趙爾巽再次先發制人。之前他要求隸屬於第廿鎮的張作霖部隊入城，企圖削弱駐軍。足見他使二協分化，只是時間早晚的問題。當藍天蔚打算響應張紹曾、吳祿貞時，起義已然失敗。保安公會成立兩天後——十一月十四日，趙爾巽命令藍天蔚視察東南各省的起義情形，等於解除其二協協統一職。

二協就此成為趙爾巽的直轄軍。藍天蔚未遵從趙爾巽之命，與遼東半島、莊河地區的民間武裝自衛組織（自稱「聯莊會」）領導者顧人宜、顧人邦一同指揮起義。當時莊河最有名的馬賊樸冠山，率領兩百名以上的手下加入。奉天省北部至吉林省，還有馬賊率領五百人以上的手下起義。合計整個滿洲有超越四萬馬賊響應藍天蔚。

這個數字有些誇張，或許令人難以置信。不過革命派指揮官只有藍天蔚在滿洲奮鬥，表示趙爾巽至今的行動確實奏效。然而，儘管許多「馬賊」響應，但趙爾巽掌握了「滿洲」的心臟——奉天省城。奉天省城的警備由張作霖負責，可以說滴水不漏。革命派領導者張榕眼見無法主導保安公會，十一月十八日又成立了沒有官吏參與的聯合急進會。對此，趙爾巽直言清朝承諾的立憲是改革政治的唯一道路，與此相左的所有行動與組織都是擾亂治安的「人民公敵」，必須予以嚴懲。包括前述的莊河地區，革命派企圖同時於遼陽州、復州、鳳凰城、新民府等地發動起義希望能藉此分散趙爾巽的兵力，進而攻掠奉天省城。

張榕與袁金鎧是親戚，一直有密切的往來。袁金鎧私底下展現靠攏清朝的態度，包括向趙爾巽推薦張作霖等，表面上也沒有流露對革命派的敵意。一般認為他屬於中立派，而張榕也卸下心防，與他商量許多事情。當他得知張榕的計畫，立刻向趙爾巽報告。他設宴邀請張榕等三名革命領導者，並令張作霖的手下於歸途中將其暗殺。當時是一九一二年一月廿三日，張榕才廿七歲。

革命派先天不良、後天失調，遲遲看不見勝機。藍天蔚曾放棄情勢不利的陸戰，前往上海請孫文協助。他受命就任北伐軍總司令，於一月十六、十七日率領近千名士兵自山東省煙台出港，走海路向北前進，於遼東半島登陸。由於袁世凱方面（**北京之清朝政權**）與孫文方面（**南京之中華民國臨時政府**）達成協議（**南**

北和議）他只能撤退。之後他辭去總司令一職，離開中國。

滿洲的革命沒有成功，而相信各位已經知道敗因為何。下一節，我將說明張作霖為何加入革命派，以及他與下一章的重要人物——王永江的淵源。

六　張作霖與王永江的「革命」

出人頭地的契機

我於第四節提及張作霖於徐世昌任東三省總督時的動向。到了錫良時代，他的活動區域從遼河兩岸延伸至現在的內蒙古自治區一帶。當時他不是只專注於討伐「馬賊」、土匪，還會伺機送馬賊時代的手下（張景惠、張作相、湯玉麟等人）至奉天講武堂（士官學校）接受教育，藉此收集省城的資訊──真要說起來，後者更為重要。

加上為了支持大規模、大範圍的討伐戰，張作霖於洮南府獨資收購土地。成為地主後，他開始以共通的店名「三畲」，經營製油業、穀物販售仲介業、匯兌金融業、雜貨店等。成功經營副業的軍人並不少，尤其在執政者無法準時發放軍事經費的情形下，這反而理所當然。

張作霖亦積極爭取軍事預算。他的陳情書有些保存至今，內容與建設全新兵營有關。有別於新軍，他們缺乏專用的兵營，而必須於駐屯地借用民宅。然而當時遭逢水災而頓失居所的難民大量移入洮南府、相鄰的遼源州，因此借用民宅一事引發民怨。一九〇九年至一九一一年，他以前述理由要求當局撥出一萬兩千至一萬八千兩，而奉天度支司（相當於財政廳）決定分三次支付共一萬兩千兩。然而閱讀相關資料會發現那次算是個案，其他各路巡防隊亦曾陳情，但當局不會輕易首肯。

不久後革命爆發，兵營建設與否難以確認。觀察奉天度支司的決定，我推測建設兵營只是張作霖爭取軍事預算的藉口，目的還是填補軍隊的必要經費——以此為例，是為了從財政面看張作霖出人頭地的關鍵。歸順當時，他僅能接受過往的金主提供的資金。不過與第二、三節提及的侯老疙疸、江顯珍或杜立山相比，就會明白他的待遇（不問罪狀而接受歸順）多麼幸運。之後他持續累積軍功，甚至可以向度支司爭取軍事預算。相信張作霖親身體會了「越接近地方行政與財政的中樞，越能享有特權」一事。

根據錫良身後留下的奏摺《錫良遺稿》（卷末註⑬），會發現錫良禮遇張作霖隸屬的第廿鎮。簡單來說他為了第廿鎮，將送往北京的鹽稅一點一點地提高。一開始是將多徵收的部分撥給第廿鎮，最後甚至全額留用。雖然不清楚第廿鎮如何分配這筆資金，但錫良不惜流用鹽稅也要努力扶植軍隊是非常重要的事實。

前一章提及對從軍之人——尤其是一般士兵——而言，能否謀生是很現實的問題。無論是張作霖等第一線的部隊長，還是錫良等地方父母官都很認真地面對。然而追溯革命派的足跡，只看見他們企圖倚賴軍隊、馬賊起義，卻幾乎找不到他們承諾如何回報。

革命爆發前，清朝已不太能負擔包括新軍等軍事經費，許多人因此起身反抗。反觀至少張作霖努力使自己的部屬得以溫飽，也順利向度支司爭取了預算。再加上因為清朝的發展背景，才會優先改革滿洲。對張作霖而言，這一點確實是好事。他沒有加入革命派，除了他身為軍人，聽從最高司令官（總督有軍事指揮權）趙爾巽之命是理所當然，想必也有一定的經濟因素。也就是說**加入革命派，無法保證自己的部屬得以溫飽**。

張作霖的左右手——王永江

袁金鎧等非軍人出身的武官、棄警政而行民政的文官都在滿洲的革命扮演很重要的角色。本節至下一章，將探討王永江（一八七一年至一九二七年）受袁金鎧發掘，在張作霖政權下發揮長才的脈絡。

王永江，字岷源，一八七一年出生於遼東半島南部的金州。經營雜貨店的王家，祖先似乎來自山東省登州府。他少年時前往奉天讀書而結識袁金鎧等人。然而他成為秀才後，遲遲沒有考取舉人。加上義和團運動導致科舉混亂，原本上層知識分子才需要「歲貢」，但他一九〇〇年就獲得「歲貢」的資格。為此他決定返鄉，運用醫學知識開設中藥店。然而他無法與日本人經營的藥局競爭，一下子就破產了。日俄戰爭時，金州受日本軍隊控制。他與日本人合作成立並經營南金書院公學堂，但因雙方教育方針不同而辭職。之後袁金鎧委託他協助建立遼陽州的警政體系，而他闡述日本警察制度的報告大受好評，就此踏入官界。

一九〇六年，袁金鎧為成立遼陽警務學堂，邀請王永江負責教育與經營。遼陽警務學堂第一屆學生畢業後，王永江升為警務處長，發揮長才。錫良總督曾讚王永江為「奉天省警務第一人」。加上王永江曾撲滅鼠疫，於一九一〇年成為候補知縣。其後他升為總督府民政司、禮學司。當趙爾巽就任總督、辛亥革命爆發，王永江在袁金鎧推薦下成為南路巡防營長，負責於遼陽召募官兵。然而他無法接受徐珍（自甲午戰爭起，遼陽知名的鄉團領導者）就任統帥而辭職。此事雖小，但顧慮其他率領遼陽鄉團的好友，他還是決定這麼做。他晚年時，丁鑑修（一八八六年至一九四四年，「滿洲國」時代擔任交通部大臣、實業部大臣）待在他的身邊，而丁鑑修曾說他有些衝動，會為了芝麻綠豆大的小事憤而辭職。或許他年輕時更是如此。

然而王永江不曾離開趙爾巽的身邊。王永江身為趙爾巽的策士，負責處理機密。革命派最大規模的起義——遼陽郊外的劉二堡起義（一九一一年十一月二六日）是由前巡警帶領警察學校的學生進行，因此趙爾巽請在遼陽警界人面較廣的王永江收拾殘局。但由於巡防隊、馬賊也加入起義行列，共有八、九百人，因此王永江沒能達成任務。隔年二月，王永江再次被派至當地，視察鎮壓鐵嶺起義後的情形。當時張作霖部隊的步兵與騎兵自省城出發，成功擊退革命派。然而當他們返回鐵嶺城，發現日本兵不僅控制城門，也占據城內所有公家單位。原本駐守在距離鐵嶺城四、五公里處的新軍騎兵，與張作霖部隊前後前往鐵嶺城，卻遭到日本兵驅趕。

根據王永江的報告，前述內容是「官民的誤解」。實際調查時完全看不見那樣的情形，甚至有日本人提供協助。然而我根據奉天關稅司與奉天交涉司（負責外交工作）的報告整理出前述內容，相信王永江也心知肚明，只是他沒有被情感左右，反而思考了可以如何運用眼前的情勢。

起義是一時的，從王永江的報告可以看出，思考鎮壓後如何維持治安亦是他的任務。簡單來說他的策略是將鎮壓部隊一分為二，夾擊革命派以絕後患。然而執行此策略前，必須先維持鐵嶺城內的治安。為此，他希望省城派遣一、兩百名巡警。由於鐵嶺縣的財政無法負擔徹底鎮壓所需的費用，因此他也希望省城能提供資金。他寫信給袁金鎧時提及，若趙爾巽不提供資金，就以他本人的名義借款。

前一節提及藍天蔚率領革命派海軍於遼東半島登陸，事實上登陸沒多久，三月時革命派海軍即被迫撤退。儘管無從得知王永江申請巡警與資金的結果，但當時內陸的起義應該也差不多告一段落了。

統治的要領

我之所以花費很長的篇幅闡述文官王永江與辛亥革命的關係，是因為辛亥革命的許多事件，深刻影響了他之後的人生。首先王永江原本是警政專家，但他在起義爆發時赴第一線視察。**因此他不僅了解起義軍，亦曾目睹前往鎮壓的張作霖部隊、日本軍隊，對軍隊有通盤的認知。**而他觀察日本軍隊、日本人的結果，發現一味排斥實非上策，必須思考如何與日本軍隊、日本人共生共存。又或許他的「日本觀」在此之前就開始萌芽，包括日俄戰爭時日本軍隊控制他的故鄉金州、他曾與日本人一同成立與經營學校等。

此外，他也認清文官必須掌握警察（巡警）與財政（資金）。第四節提及近代的警察組織總括民政。也就是說，文官得掌握民政。之後他在張作霖政權下的確從改革警政開始，並以重建財政樹立無人可比的地位，最終掌握民政。即使對日談判陷入僵局，他還是撐過來了。一直到郭松齡事件（一九二五年，參考〈前言〉）發生，他再次夾在日本軍隊與張作霖間，左右為難。若丁鑑修所言無誤，要他淡然處世絕非易事。他研究易學（著有《讀易偶得》、《易原窺餘》等書）或許曾占卜過自己的命運，而一切都是從辛亥革命開始發展。

下一章，我將以張作霖與王永江兩人的關係為主軸，探討一九一六年至一九二八年地方政權的特質與實情。相信各位看到這裡，已充分了解看輕「張作霖不過是個馬賊」是多麼的沒有意義。希望接下來的內容能進一步協助各位建立正確的概念。

第三章

軍閥時期的「滿洲」——王永江與內政改革

張作霖負責軍事，
王永江負責民政。

一　張作霖結識王永江

驅逐段芝貴

對「滿洲」的人們而言，近代的第一次轉機是義和團運動、第二次轉機是日俄戰爭，而第三次轉機則是辛亥革命。這三次轉機都只間隔五、六年，可見近代的改變是多麼迅速而劇烈。

前一章我分析了像張作霖這樣的「馬賊」為何決定歸順軍隊，而歸順軍隊的過程又是如何。本章將探討張作霖為何能成為「軍閥」、甚至入主北京。此外我也想釐清關東軍炸死張作霖的考量。

首先，張作霖從地方軍隊成為地方政權時，負責民政的文官——當時稱「（奉天）文治派」不可或缺。包括前一章出現的袁金鎧、王永江等人，他們以參與鄉里行政取代過去進士及第的夢想，而成為張作霖政權的關鍵。當他們理想中的「滿洲」與張作霖的兵力結合，究竟完成了哪些目標？又有哪些目標以失敗告終？

以往的研究大多未充分說明「張作霖出身『馬賊』」的意義，只是單純就日本接觸張作霖一事認定「張作霖是日本的傀儡」。一九二〇年代，日本確實給予張作霖政權諸多協助，甚至可說是日本政府的政策。不僅如此，當時日本還派了許多軍事顧問赴中提供協助，然而那只是日本方面的想法，並沒有驗證張作霖政權的看法。如此一來，「傀儡論」顯得有些牽強。

一如前文所述，東三省在革命後仍未完全脫離舊政權的特質。一九一二年七月，張作霖率領的前路巡防隊改編為駐屯於奉天的陸軍第廿七師，而他就任師長兼陸軍中將。在此順帶一提，日俄戰爭後歸順清朝的前「馬賊」馮德麟亦就任第廿八師長。儘管「馬賊」時代，他的地位比張作霖高，但他歸順的時間比張作霖晚，因此遲遲無法升遷。一直到此時，他才與張作霖平起平坐。

清朝最後的東三省總督趙爾巽雖轉任中華民國奉天都督，但於一九一二年十一月辭職，由張錫鑾（一八四三年至一九二二年）接任。張錫鑾自一八七五年起曾斷斷續續擔任與奉天民政、軍政相關的職務，但他非奉天人。反觀張作霖等奉天出身的軍人則一個接一個受到重用。

一九一二年，袁金鎧因——遭他暗殺的——張榕的遺眷與同志多所怨言，追隨辭職的趙爾巽離開奉天而暫居北京，協助趙爾巽編纂《清史稿》。隔年，袁金鎧受命任奉天省財政司長，但旋即辭職。同時，王永江亦受命任東邊道（興鳳道）的地方官吏，但與張錫鑾意見不合，三個月後辭職。一九一四年，奉天省推薦王永江謁見求賢若渴的袁世凱，而儘管袁世凱希望王永江立刻擔任奉天省要職，但王永江堅決拒絕。最後，袁世凱只能給賜給王永江「道尹」（地方行政「道」的長官）的資格。王永江返鄉後，曾任遼陽、牛莊、海城等地的稅捐局長。

一九一四年，袁世凱擔心張作霖勢力繼續擴大，企圖將張作霖調至內蒙古地區。然而張作霖向袁世凱的手下段祺瑞表達婉拒之意，袁世凱也只得放棄。一九一五年，袁世凱為監視張作霖，將部下段芝貴（一八六九年至一九二五年）派往奉天取代張錫鑾。袁世凱推動復辟並稱帝（一九一六年一月）。張作霖與段芝貴表面上予以支持，但沒想到南方的護國戰爭在袁世凱即位前迅速擴大。當袁世凱陷入苦戰，張作霖立刻與馮德麟結盟，以「奉人治奉」為口號反過來驅逐段芝貴

（之後將提及辛亥革命爆發至袁世凱稱帝期間，日本集結「馬賊」推動第二次「滿蒙獨立」運動）。袁世凱三月退位、六月猝死。張作霖政權就從驅逐段芝貴開始，一直維持到他遭炸死的一九二八年。

成為真正的政權

據說袁金鎧於一九一五年夏季返回奉天省，協助張作霖策畫驅逐段芝貴。革命後，袁金鎧曾被分派財政司長等官職，但他不是堅決拒絕就是立刻辭職。或許一來他自覺不適合為背後的黑幕操盤，二來他也因陷害自己的親戚張榕而惡名昭彰。其後他扮演張作霖的顧問，默默地發揮影響力。

袁金鎧的好友王永江與袁金鎧不同，毫無負面傳言。因此一九一五年至一九一六年，王永江升任奉天省城稅捐局長兼官地清丈局長兼屯墾局長。其中官地清丈局長一職管轄奉天省內的官地——亦即清朝皇室的土地——的讓售、測量等業務，可以說是與財務有關的全新官職。

袁金鎧似乎是在驅逐段芝貴時向張作霖推薦任用王永江，但清廉的王永江一開始不願意接近張作霖。經過袁金鎧極力遊說與張作霖再三邀請，王永江才願意為就任奉天督軍兼省長的張作霖效勞。王永江具備醫學知識（著有《醫學輯要》一書）一開始接任奉天省醫務處長。到了一九一六年二月，他就受重用升任奉天全省警務處長兼省會警察廳長。張作霖這麼做，是為了改革由湯玉麟掌管的警政。

前一章以張作霖歸順的新民府為例，說明清末的警察機構總括民政，且與軍隊的職掌分攤不明確。革命起義時，警察也得與軍隊一同鎮壓。此外，警察在革命前就有了全新財源「警捐」。雖然遼陽州等地區的警察以鄉團為基礎，但許多地區的警察一如舊軍，積極吸收投降的馬賊、土匪。也就是說警察不僅坐擁利權，且是馬賊、土匪發揮實力的舞台——這一點與舊軍相同。

湯玉麟當時為駐屯奉天省城的第五十三旅長兼密探隊司令。密探隊的背景不明，但就字面上來看，應該是情報收集機關吧。湯玉麟仗著張作霖的勢力，作風強硬、個性浪蕩，放任所屬將兵、巡警違法亂紀、欺凌百姓，甚至使用與買賣鴉片，導致民怨四起。張作霖無法直接處理結識於馬賊時代、對自己奉獻良多的湯玉麟，打算重用沒有人情牽絆的王永江，由他來解決這個難題。

王永江導入日本的警察制度，於省城各區域設置派出所，取締非法行為。只要妨礙或不服巡警，即使對方是湯玉麟的部下，也會立刻逮捕。湯玉麟對此感到震怒，再三向王永江抗議未果而進一步向張作霖表達不滿，但張作霖支持王永江。隔年一、二月，深知湯玉麟不滿的馮德麟與其共謀舉兵，但被張作霖察覺。張作霖於三月解除湯玉麟的旅長職務。然而湯玉麟沒有放棄，企圖集結土匪叛變。最後遭張作霖派出的軍隊追擊，只得逃至關內。

湯玉麟寄身駐屯江蘇省徐州的張勳（一八五四年至一九二三年）。張勳公開支持清朝復辟，進入民國時期仍蓄髮留辮，並如此要求所屬士兵。袁世凱死後，政局混亂。一九一七年六月，張勳伺機採取行動，而湯玉麟也參與其中（在此順帶一提，戊戌變法的領導者康有為當時也協助了張勳）。張勳的行動遭段祺瑞討伐，宣統皇帝的復位只維持了十二天。失意的湯玉麟返鄉隱居，而他與王永江的心結一直維持到眾人說服張作霖，於一九一九年一月出面調停。一九二〇年安直戰爭（卷末註❶）爆發，他才重返政界出任指揮官。

重要的是，這些犧牲、糾紛都沒有動搖張作霖擺脫馬賊特質的決心。從這一點可以看出，張作霖在政權崛起時最主要的煩惱——若一直倚賴過去累積的人脈（舊軍、馬賊）無法於清朝瓦解後重建社會秩序。眼前又沒有其他制度能取代清朝新政時期的行政與財政系統，張作霖只得重用當時的人才。袁金鎧、王永江的存在價值可見一斑。

王永江為匡正警察的風氣、一掃湯玉麟的影響力，而與湯玉麟激烈對立。所幸王永江深受張作霖信賴，確立自己於張作霖政權中的地位。此事使張作霖政權不再混沌、缺乏秩序，且那些「馬賊」出身的部下再也不敢恣意妄行，對治理風氣有很重大的意義。張作霖勢力因此得以成為穩固的地方政權。張作霖則從「馬賊」成為地方軍隊，再從地方軍隊成為「地方政權」，一步一步地出人頭地。

一九一七年五月，王永江任奉天省財政廳長。本書再三指出力量（軍隊）與資金（財政）對政治來說非常重要，因此儘管有些枯燥，我們還是必須探討張作霖政權的資金（財政）問題。

一如前一章提及，清末奉天省遭遇四個財政問題：①北京過於倚賴各省的稅

（捐）、②一而再再而三的戰亂導致重建遙遙無期、③做為新政優先改革的地區——尤其是徐世昌任總督時期——比起踏實改革，反而更重視新設徒具象徵意義的機關與制度，甚至以此要求財政配合、④正式財政外的「捐」日益肥大而產生糾紛。

即使進入民國時期，張作霖以前的執政者亦都無法解決上述問題。據說王永江接任前，每年累積兩、三百萬元的赤字；自王永江接任，赤字開始陸續減少。到了一九一八年，僅剩下七、八十萬元的赤字；根據張作霖的演講，到了一九二〇年，財務上更產生一千萬元的盈餘。自財政危機拯救奉天省的王永江從此更受張作霖信賴。

然而當時的報告並沒有完全提及重要的核心——為何王永江能在這麼短的時間完成如此困難的工作，以及奉天省在財政問題改善後的情形。中國方面的史料、研究與回憶錄也都沒有明確資料。事實上，就連哪些是王永江的政績、哪些是張作霖政權整體結構的改變，也不清楚。然而下一節，我想從目前已知是王永江的功績了解張作霖政權的財政系統，探討其為何能成為地方政權。

二　王永江的財政改革

建構財政系統與有效運用

王永江就任財政廳長後，立刻在《盛京時報》發表官營事業基本方針——以未來發展判斷事業存廢、財政緊縮、獎勵開墾等政策。乍看之下了無新意，然而除了以上這些政策外，王永江並積極改革為基本方針打底的稅務機構。比如說調查各地的稅收情形表揚優秀的稅捐局長、調高徵收地區的課稅額度、針對收賄的官吏與滯納稅收的各縣稅捐局制定罰則。這些對日本人而言，或許理所當然；但當時中國尚未實施或尚未徹底執行。

就重視既得利益的中國官吏來說，王永江不將財政占為私有而徹底改革的態度，可以說十分稀有。當時為人所知的「奉天通」園田一龜曾表示：「以往稅收大半並未繳入省庫，而是進入縣知事、稅捐局長等人的口袋。自從王永江嚴格執行，偽造報告以中飽私囊的情形就減少許多。」（卷末註❷）一九二四年，王永江獲張作霖許可，設立了培養稅務官吏的「奉天稅務講習所」。

可以感覺到歷經警政、稅務後就任地方財政首長的王永江，確實了解當地情形並積極推動改革。王永江的基本方針，與在任東三省總督的趙爾巽的基本方針大同小異。在此順帶一提趙爾巽的施政方針，包括淘汰冗員、獎勵開墾、重整財政、改革幣制等。或許王永江的改革（方針）平淡無奇，但都可以立刻付諸行動，而他也確實執行。

清末新政的財政改革因辛亥革命中斷，而王永江企圖重振旗鼓。具體來說清朝沒有完善的財政體系，王永江必須先確立（奉天）地方的財政定位。加上張作霖政權繼承了清末新政時期軍隊改組的結果，而他企圖解決清末未能實現的難題；至少可以說張作霖政權絕非傾日。從王永江經手的各項改革與其背後的理念來看，張作霖政權的獨立色彩濃厚，更可說絕非倚靠親日求生。

利用金銀行情消化借款

消化借款也是消除赤字的必要措施之一。當時銀價一路攀升，來到世界高點。因此借貸金幣本位制的貨幣（比如說朝鮮銀行券）短期內以銀幣本位制的貨幣（或現銀）償還，即可賺取差額，是相當有利的交易。中國當時的交易亦以銀為主，只要具備一定的金融知識，就不會放過這個大好機會。

以往奉天省因財政困難產生了許多無限制、無原則、無底線的長期借款，陷入赤字持續累積而動彈不得的狀態。利用金銀行情與外匯浮動消化借款，可將赤字分為可以解決與無法彌補兩種——這是近代財政學的常識，然而過去的負責人缺乏這樣的能力，導致赤字只增不減。即使當局指出黑字增加顯見財政好轉，我也不會盡信——因為那有可能只是消除了可以解決的赤字，但卻因此簽訂必須支付高額利息的契約。若無法確實償還本金與利息，就會一直受困於契約。如此一來，奉天省的財政基礎還是很脆弱，無法從根本改變奉天省容易陷入赤字的狀態。為此，王永江採取了接下來會提到的幾個措施。

事實上，王永江只有向日本借款——這或許是「傀儡論」的有力證據，但我認為王永江擔任財政廳長時的借款並不具政治性。也就是說，王永江沒有以不償還借款為條件，而給予日本各種特權。他之所以短期借款，除了利用金銀行情與外匯浮動賺取差額，也是為了避免與日本形成無謂的關係。

反對過早設立東三省銀行

一九一九年，樂見奉天省財政情形「好轉」的張作霖命令王永江等人準備設立東三省銀行。設立銀行是為了合併東三省雜亂的銀行、銀號，統一幣制以驅逐朝鮮銀行券、橫濱正金銀行券（銀幣本位制）、俄羅斯盧布等外國紙幣。資本官民各半、總行位於哈爾濱的東三省銀行於一九二〇年十月開幕，並發行「大洋票」。張作霖的地盤在奉天省，如此安排是為了在張作霖較不具影響力的中東鐵路沿線，建立新的北方金融據點。

儘管此銀行的經營表現相對來說尚可，但一九二四年還是被東三省官銀號合併。王永江是設立東三省銀行的中心人物，但他多次表示應優先重整財政，再來設立銀行。他認為即使東三省銀行的經營表現良好，也無法成為東三省的中央銀行。事實上東三省銀行發行的大洋票只流通於哈爾濱、長春等中東鐵路沿線。眼前的目標是達成了，但市場不可能擴大。

致力於鞏固地方財政基礎的王永江認為，在這麼辛苦的情形下投資不可能成長的銀行，只是徒勞無功。張作霖企圖掌握北方金融據點的想法有其道理，並一聲令下設立東三省銀行。推翻這一切需要相當的勇氣，但王永江基於優先重整財政的信念，毅然決然提出建言。由於不見張作霖張硬反對，表示他接受了王永江的建言。設立東三省銀行算是以失敗告終，但從張作霖企圖驅逐朝鮮銀行券、橫濱正金銀行券等日本方面的紙幣來看，「傀儡論」也無法成立。

始終要求削減軍事經費

在探討此問題前，必須補充說明當時奉天省財政的結構問題。

目前我無法取得正確數據，只能根據相對值得信賴的資料整理出表A、B。因此不僅資料來源無法統一，且表中的數據皆為預估值。民國八年、十三年（分別是一九一九年、一九二四年）的數據是預估經常歲入；民國十五年（一九二六年）的數據是預估的歲入。

表A的「金庫」是指北京政府管轄的財政——民國八年，約占總額九十%；但到了民國十三年，下滑至約占總額七七%。耐人尋味的是，「省庫」的比例增加不少。原本金庫、省庫間的界限就很模糊，比如說，出產稅在表A是金庫的項目，但在某些統計資料卻是省庫的項目。

此外無論是金庫或省庫，正式稅目的數據都略增。包括金庫的田賦與撥款收入等、省庫的雜款與正雜各費等（亦即交由各縣稅捐局裁定的項目）。足見以這些項目預估的收入趨於穩定。表B預估民國十五年的經常歲入為兩千萬元——這也可以說是上限（之後將提及王永江於郭松齡事件善後處理會議〔一九二六年一月〕舉出的數據是兩千三百萬元，亦可為證）只占總額卅一%，其他就是所謂的「臨時歲入」。「臨時歲入」雖未列為地方財政的正式稅目（不過奉天省於民國時期

種類 ＼ 年次	民國八年（奉大洋）〈元〉	民國十三年（奉大洋）〈元〉
金庫	15,759,991	22,521,052
田賦	4,058,290	4,558,359
出產稅	5,048,370	7,524,687
正雜各稅	3,277,386	5,243,355
官業收入	110,467	339,315
雜項收入	2,755,478	4,276,335
撥款收入	510,000	570,000
省庫	1,200,864	6,005,275
統捐	688,334	1,140,892
雜款	320,218	365,273
官業	189,002	4,486,770
正雜各費	21,310	24,680
廳庫	602,928	722,160
總計	17,563,783	29,248,487

表A　《奉天省財政統計年鑑》預估經常歲入金額（出自久間猛《東三省官銀號論》關東廳財務部，一九二九年，第三三二頁。表由久間猛製作，推測金庫、省庫的總值包含未呈現於細項的收入）

種類	預估值〈元〉	占整體歲入的比例〈%〉
（臨時歲入）	43,500,000	69
截留鹽稅	16,000,000	25
京奉線收入	5,000,000	8
鴉片收入	10,000,000	16
其他	12,500,000	20
（經常歲入）	20,000,000	31

表B　新京總領事館預估民國十五年之歲入（根據新京總領事館《舊政權時代的東北財政狀態與滿洲國政府的財政狀態》，一九三三年，第五頁製作）

增列的正式稅目，也沒有脫離原本的框架），但其來源是未送往北京的稅收，因此非常穩定。比如說關於截留鹽稅，張作霖曾如此說明：

根據（作者註：北京政府）鹽稅借款契約，東三省每年必須分攤兩百廿萬鹽稅。東三省近年徹底查緝私鹽，每年鹽稅達到七百七十萬。財政部與東三省間素有共識，將溢出之五百五十萬抵消行政費用……（卷末註❸）

中國——尤其是近世後——通常是向販鹽的商人徵收鹽稅。儘管中國幅員遼闊，但鹽田有限。販鹽必須申請許可、繳納鹽稅，且不得於內陸哄抬鹽價。然而官吏層層剝削，許多商人會提高鹽價以彌補利潤。因此許多百姓會捨官鹽而買私鹽，形成惡性循環。歷代查緝私鹽的效果不彰，且遲遲無法改善。

到了近代，私鹽仍無法如關稅般統一管理。然而鹽稅成為向外國借款時的抵押品，但北京政府要求擁有鹽田的各省分攤做為抵押品的鹽稅。由於東三省（事實上是奉天省）成功查緝私鹽使鹽稅增加，因此只上繳規定的金額（兩百廿萬元）

並以「抵消行政經費用」為由，截留溢出之五百五十萬元。各省會視與北京政府的關係，決定是否上繳規定的金額；張作霖在斷絕與北京政府的關係（一九二二年至一九二四年）時，完全沒有上繳。

不用說也知道，這是張作霖政權的巨大財源。我認為民國時期北京政府與其他軍閥之所以陷入混戰，其中一個原因就是北京政府強迫各省上繳包括鹽稅等費用，而力求財源獨立的軍閥堅決不從，導致雙方強烈對立。

根據表B，截留鹽稅的收入約占歲入總額四分之一。由此可略窺地方財政倚賴臨時歲入的特質。奉天省自清末以來於正式稅目外增列「捐」、徵收超過規定金額的鹽稅，想方設法累積財源才好不容易鞏固「地方財政」的基礎。

若張作霖政權未克服前述特質，到了王永江的時代，就會因軍事經費增加而產生更嚴重的問題。一九一七年，王永江針對歲出表示：「兩成用於行政、教育、實業與其他各項經費」、「張（作者註：張作霖）督軍尚有擴張軍備之計畫，不知究竟需要多少經費……我認為思慮欠周而持反對意見（卷末註❹）」。的確根據之後的統計，一九一八年約占歲出總額六九％的陸軍經費逐漸增加，到了一九

二二年占歲出總額近八十％。（卷末註❺）

軍事經費一枝獨秀，導致東三省獎勵開墾、振興實業等當局應重視的地區開發只剩口號，而支持前述計畫的經常歲入亦不見起色。倚賴借款、臨時歲入與發行紙幣的特質不變，就會形成惡性循環——戰爭一旦爆發，紙幣就會暴跌而對百姓的生活造成威脅。為降低風險，至少必須避免因引發或參與內戰，而投入更多軍事經費。盡可能將奉天省財政控制在清末新政時期的規模，方為良策。

當時東三省多個發鈔銀行發行各種紙幣，事實上各省皆然。北京政府沒有統一全中國紙幣的統治力。平時理所當然地使用日本銀行券的日本人或許無法理解，但在當時中國，別說鄰省，甚至鄰鎮可能都使用不同的紙幣，因此即使在勢力範圍內，地方政權也難以進行統一。也因為如此，儘管東三省銀行自中東鐵路沿線驅逐外國紙幣的時間並不長，也算是一個成功的例子。

儘管奉天省發行名為「奉天票」的紙幣，但「滿洲」南部卻遲遲無法統一。原因應是「滿洲」南部有根深蒂固的傳統商圈，即使不使用奉天票也能交易。一九一八年，張作霖政權進一步發行法定貨幣「匯兌券」。（卷末註❻）法定貨幣是由當局背書的信用貨幣，張作霖政權開放以奉天票兌換匯兌券，企圖將奉天票逐漸改為匯兌券。

銀行、政府發行法定貨幣，就不需要準備充足的現銀，可實施自由的金融政策。但相對來說，發行法定貨幣也講求高度的調節與統合能力，使紙幣維持一定的穩定度。又因法定貨幣的人為性、政治性較強，經濟瀕臨危機的反作用力也往往較大。

一九二二年，第一次直奉戰爭爆發。「奉天軍出動對滿洲的經濟造成莫大的影響。經張作霖與東三省巡閱使嚴格取締，大洋票暴跌的情形暫緩，但金融界仍一片恐慌……甚至導致奉天票停止或限制交易」「有奉天省居民預估奉天軍將戰敗，而大量收購北京政府發行而全中國通用的大洋銀（卷末註❼）」——從這兩段文字可以看出百姓因不信任張作霖政權發行的奉天票，而將紙幣兌換為價格較穩定的現銀。這是能夠自內部瓦解張作霖政權的重大問題，因此王永江必須透過商務會介入市場，盡可能防止奉天票下跌。

奉天軍於直奉戰爭戰敗後，王永江身兼奉天省代理省長，全權掌握民政。當時他提出下列方針（〈〉內是我的補充說明）。

①嚴格遵守預算。不同意追加任何預算〈為了避免軍事經費增加〉。

②削減軍事經費廿％〈避免奉天省財政形成惡性循環的關鍵〉。

③削減東三省各省行政經費十％〈若只削減軍事經費，可能會遭張作霖等人反對〉。

④統整地方各項經費。自各縣仕紳選出代表監督公帑，以避免知縣盜用公帑〈清末錫良擔任總督時亦曾提出類似方法，但當時未能實現〉。

⑤保存現銀。當時奉天省庫有一百萬元現銀，即使是張作霖亦不得擅自使用，以備不時之需。

⑥償還內外債。

之後，王永江藉由抑止奉天軍的軍事行動以重整財政、保護並發展地區經濟。他讓仕紳參與監督一事，也值得留意。

一九二四年，第二次直奉戰爭在王永江反對下爆發，奉天票再次下跌。王永江召集商務會、各銀行、各銀號舉行會議，發表奉天票的公定交易行情，強調若違反公定交易行情將予以嚴懲。此舉雖然無法使奉天票如過去穩定，但順利避免了如第一次直奉戰爭時的恐慌。

然而一九二六年王永江辭職後，張作霖政權因奉天軍擴大軍事行動而濫發奉天票，市場對內戰的不安使奉天票持續暴跌。繼任者束手無策，經常被拿來與王永江相比而飽受批評。儘管財界強烈呼籲王永江重返政界，但他沒有答應並於隔年過世。隨著北伐軍進軍且戰況明顯不利奉天軍，奉天票如江河日下，一發不可收拾。一直到張學良政權回收奉天票並發行現大洋票，才脫離危機。

奉天財界相當倚賴王永江的財政手腕，不能否認他離開使張作霖政權失去平衡。一直到一九二六年初期，張作霖政權皆與王永江密不可分。名為張作霖政權，但王永江在內部的影響力不容小覷。

張作霖政權的關鍵人物

一九二〇年代前半，奉天省的金融、經濟與財政深受政治、軍事影響。我參考了一些專業研究，整理出下列重點——王永江是為張作霖政權解決自清末新政時期以來的財政與政治問題、擺脫「馬賊」特質，並建構近代化政權的重要人物。無論是借款、發行紙幣，都極有可能一步錯、步步錯，但王永江以明確的方針深受張作霖信賴。王永江面對張作霖絕非唯命是從，包括為金融、經濟與財政健全而反對擴大軍事行動等，總是提出各式各樣的逆耳忠言。

根據王永江隨扈丁鑑修的說法，一九二五年時（郭松齡事件前），張作霖在宴會等場合會安排王永江與他同席，並要求手下「見王永江如見張作霖」。此外張作霖以「卿」（君對臣的美稱，帶有親近感）稱呼的部下只有王永江。足見張作霖對出身、個性完全與他相反的王永江懷抱尊敬之意、親愛之情。

三 「保境安民」——王永江的對內政策

聯省自治宣言

前一節我以財政為中心，提及王永江對張作霖政權的存在價值。接下來，我將擴大範圍探討王永江於整體民政扮演的角色、與張作霖的合作與對立等關係。

第一次直奉戰爭戰敗時，王永江接到奉天軍退出山海關外的報告，並訓示眾人團結一致追隨張作霖。然而那不只是強化張作霖的獨裁體制，而是反映「民意」的分權體制——張作霖負責軍事、王永江負責民政。一九二二年六月三日，張作霖發表東三省聯省自治宣言，遭北京政府剝奪所有官職。張作霖遂自稱「東三省保安總司令」。

一九二〇年代，華南各省（廣東、湖南、湖北、四川、雲南、貴州、福建等）為對抗袁世凱死後混沌的北京政局，於各方面推動所謂的「聯省自治」。前述各省在積極制定獨立憲法的同時，利用「聯省自治」使地方勢力割據一事正當化。張作霖擺脫「馬賊」特質，成為全國公認的政治勢力以來，便以奪取北京政權為目標。為克服第一次直奉戰爭戰敗的危機，張作霖必須展現批判或忽視北京政權的態度，因此聯省自治宣言十分重要。此外，他也期待王永江等形象清廉的文治派官吏能發揮所長，在這樣困難的情形下重建地區秩序。

張作霖就任東三省保安總司令時，王永江製造了「東三省百姓愛戴張作霖才會『黃袍加身』」的效果。除了再次向百姓宣示張作霖是政權的核心，也讓張作霖自覺他能更上一層樓是因為獲得百姓支持。換言之，張作霖政權之所以能持續，是因為王永江在百姓與張作霖間居中協調。

企圖充實內政

王永江極力說服張作霖應暫且維持現狀、保持軍力而不擴大軍事行動，並與混沌的北京政局、割據的各勢力保持距離，專注於重整、強化東三省軍隊。當時認識王永江的人大多以為他的目標是半永久地孤立於東三省，而不參與全中國的政局，事實不然。王永江也強烈期待張作霖政權能奪取北京政權，證據是他反對列強共同管理中國的主張：「那會是破壞中國的導火線」（奉天特務機關長貴志彌次郎的報告）。

前述王永江的政治立場為「保境安民」，活躍於張作霖政權的一九二二年至一九二四年，亦即密集於各地實施民政的時期。一如「聯省自治」，此種現象或說理念亦出現在其他省分，然而有別於軍人企圖以此討好仕紳，沒有武力的王永江將其視為「抑止軍隊向外擴張，以減輕財政負擔、全力振興東三省」的口號。

其實王永江如此堅持絕不輕鬆。觀察辛亥革命時張作霖對革命派的態度就知道，他會徹底壓制甚至暗殺與其對立的勢力。即使王永江深受張作霖信賴，擁有兵權的張作霖與沒有武力的王永江間，還是隱隱約約有一股緊張的氛圍。王永江認為對張作霖而言，民意、聯省自治、保境安民等口號代表的政治理念是武器，而支持張作霖的百姓（尤其是仕紳）是軍隊。如此一來，行政與財政的成績就等於軍隊的戰績。王永江若要制衡張作霖，就必須提升行政與財政的成績。一如張作霖對軍隊有統治力，王永江亦對仕紳有影響力。前一節曾提及他除了讓商務會協助推動財政與金融政策，也積極讓更多仕紳參與地方行政。一九二二年十月發布的「自治區村制」就是其中一環。「自治區村制」將縣分為八區左右，由部分巡警統籌並負擔行政。區長任期三年，得連選連任兩次。同時規定區長必須是卅歲以上、公正、負眾望且熟悉政體的仕紳。清末以來，當局即與仕紳合作解決民政獨立時的治安問題。此政策亦有相同的考量。

此舉能維持張作霖勢力範圍內的治安，獲得張作霖的支持。從「保險隊」時代看起，其勢力範圍起初只有七個村，逐漸擴大至中安堡、八角台等地區。歸順後其率領巡防隊，勢力範圍涵蓋駐屯、征戰所及之處。辛亥革命後，以奉天省城為中心的整個奉天省都屬於其勢力範圍。儘管本書未詳述，但張作霖在政權堀起前後，介入黑龍江、吉林兩省的紛爭，並派遣孫烈臣等心腹，順勢將黑龍江、吉林兩省納入勢力範圍。約一九二〇年起，內蒙古地區、熱河省成為張作霖的目標。因此直隸派等軍事組織對其產生戒心，最終引發內戰。

微妙的差異

張作霖這些軍事行動不能只從擴大領土的野心去看。首先，若不掌握更大的勢力範圍，軍事組織難以穩定。包括確保財源、召募新兵（即使強制執行）等，勢力範圍大比較容易達成。最重要的是，不滿足於割據「滿洲」而以統一全中國為目標，原本就是理所當然。因此張作霖政權必須先統一華北，進一步統整割據長江流域的各勢力，最後與廣東省殘餘的國民黨勢力對決。

對張作霖而言，從一介地方軍人脫胎換骨，成為號令全國的最高指揮官、政治家，亦是野心不足以形容的目標。張作霖與其政權的目標一致，而王永江等文治派官吏也贊成。由此可知，日本政府認為可以將張作霖與其政權當做「傀儡」未免有些太樂觀了。然而張作霖、王永江也有弱點——那就是他們對達成目標的手段、達成目標前後的具體行政計畫，遲遲沒有共識。雙方的溝通不夠充分，是張作霖政權裡的軍人與官吏不合的主因。

一九二二年的戰敗的確讓張作霖止步於「滿洲」，看起來是實現了王永江主張的「保境安民」政策。然而那不代表張作霖聽從王永江的意見，而王永江也不期待如此——觀察王永江的建言，這一點顯而易見。表示張作霖止步於「滿洲」的狀態不會維持多久。王永江認為百姓——尤其是仕紳——是與軍隊相當的支持基礎。他實施前述的自治區村制，不僅能使張作霖政權掌握地方以貫徹統治，也能避免張作霖再次入關時造成恐慌，或至少將傷害降至最低。

若以戰術比喻，這或許可說是強化後方的策略。儘管王永江是高級行政官吏，但出身警政使他對維持治安有一套獨特的見解。當初是袁金鎧向張作霖推薦他，而他受張作霖重用的程度更甚袁金鎧。袁金鎧主動引退固然是一個因素，也表示張作霖高度肯定他的財政手腕、警政能力。由此可知，儘管有不確定的因素，張作霖終究無法像割捨湯玉麟一樣割捨王永江。

「保境安民」時期[1]王永江的業績

王永江為張作霖政權改革警政、重整財政，促使更多仕紳參與政治，力求社會

1 一九二二至一九二四年。

穩定。接下來我想探討王永江其他政績，尤其是他主張「保境安民」，而密集於各地實施民政的短短兩年。

奉海鐵路（奉天至海龍線，一九二五年）是在採納民意、活用民間資本，且與利害關係對立的日本（滿鐵）談判成功後，才得以完成的建設之一。清末中國各地以自辦鐵路振興經濟的風氣興盛，經常被指為辛亥革命前兆的四川省就是典型的例子。

同時中國對外資鐵路逐漸產生戒心，經常因此與列強產生紛爭。然而外資（尤其是日俄）鐵路在「滿洲」占絕對優勢；首先是俄羅斯舖設的中東鐵路，日俄戰爭後，俄羅斯將其南半部割讓給日本。日本舖設了南滿洲鐵路（滿鐵）與安奉鐵路（安東〔現丹東〕至奉天線）。其中，安奉鐵路是為了與朝鮮密切往來而擴大軍用輕便鐵路的規格而成。為了對抗日俄兩國，新政時期曾考慮向美國借款舖設錦愛鐵路（錦州至愛琿線），但被日俄兩國察覺、牽制而未果。加上當時財政困難，實在無力自辦鐵路。

「滿洲」自辦鐵路可說是歷代執政者的宿願，而第一個實現的就是實施「保境安民」的王永江。

一九二二年一月，王永江向滿鐵交涉奉海鐵路相關事宜。由於該鐵路計畫途經大豆、礦產豐富的奉天省東部，又抵觸一九〇五年十二月締結之中日會議東三省事宜條約的第三項秘密協定「不於滿鐵附近修築並行幹路」，因此滿鐵起初十分為難。王永江以滿鐵一直希望鋪設的洮昂鐵路（**洮南至昂昂溪線**）、吉敦鐵路（**吉林至敦化線**）為交換條件，要求滿鐵同意張作霖政權自辦奉海鐵路。鋪設時先募集民間資金，不足的部分由政權負擔——亦即「官民合辦」，之後於一九二五年三月開工。

前一年，一九二四年五月，王永江就任東三省交通委員會委員長。張學良政權將此委員會改名為東北交通委員會，並發表將積極自辦鐵路，以對抗滿鐵於「滿洲」的壟斷資本。很遺憾，一九二七年過世的王永江無法參與，但他為張學良政權留下了很重要的遺產。

王永江還留下了比鐵路建設更寶貴的遺產——創辦綜合型大學。進入民國時期，袁世凱一人掌握大權。期待革命貫徹、中國獨立而不樂見此情形的知識分子大多集結於出版界、新聞界與教育界（尤其是大學），最終引發五四運動（一九一九年）——這是中國近現代非常重要的事件之一。劃時代的五四運動可說是中國群眾運動的先驅，而中國的知識分子從此時開始重視「國權」一事也很重要。回收「國權」運動，從要求歸還旅順、大連等租借地開始。然而在「滿洲」當地，卻有大事化小（逐漸細分化）的傾向。畢竟這是當地的問題，且大規模的要求可能會使日本的態度變得強硬，反而難以達成目標。

「保境安民」時期的具體要求為歸還教育權與審判權——那與其說是群眾運動，不如說是張作霖政權直接或間接與日本談判的政治問題。

首先是教育權。其實張作霖政權在滿鐵附屬地、關東州等地有建設或公認的學校，但張作霖政權之前無法在這些學校教育中國人。此外，創辦日本未曾於當地設立的綜合型大學也是當務之急。當時日本的說法是學校教育只要遵守日本的法律就不成問題，且中國人可以進入教育程度較高的日本學校，張作霖政權不需要另外設立大學。但做為政權的高等教育機構，大學自然得培養並提供各方面的人才。因此不可諱言，設立大學的確是一種政治手段。

一九二二年，王永江擔任東北大學設立準備委員會委員長，但遭當時駐屯奉天的赤塚正助總領事勸退。然而王永江仍開始於東三省募集資金。若張作霖政權對日本唯命是從，應不會為創辦綜合型大學而無懼來自日本的壓力。結果吉林省以另外設立大學為由婉拒參與，且奉天省出資九成而黑龍江省出資一成——儘管名為東北大學，卻更接近奉天省立大學。東北大學於一九二三年十月廿四日創校，而王永江就任首任校長。在此順帶一提，王永江曾於出生地——金州與滿鐵合作創辦南金書院公學堂，因此不是外行人。

東北大學創校當時，約有四百八十名學生、五十名教職員。張學良政權亦相當重視東北大學，張學良曾親自擔任校長。中國有許多大學財政困難，包括南京國民政府時期的北平大學（現北京大學。當首都位於南京等地，北京就會改稱「北平」）在一九二九年僅獲得九十萬元的經費，但規模遠小於北平大學的東北大學卻獲得一百五十萬元的經費。到了一九三一年，東北大學約有一九一〇名學生、兩百四十九名教職員，頗具規模。當年九一八事變爆發，師生被迫顛沛流離。一九四八年，東北大學於北京廢校。

然而東北大學一直在抗日運動扮演重要角色，亦是公認一九三六年張學良發動西安事件的契機。現在台灣、中國、美國華僑社會都有東北大學校友會，為復興東北大學而努力。或許王永江沒有想過東北大學的學生與校友會對社會有這些貢獻，但這的確是相當寶貴的遺產。

與日本的齟齬

從前述事績可以看出王永江總是親自主持張作霖委任他處理的重要政策，使張學良承續政權時得以無縫接軌。然而他也不是每次都能避免與日本的利益衝突。雖然張作霖政權舖設鐵路時，他提出交換條件而未與日本（滿鐵）正面衝突、創辦的東北大學亦因規模縮小而沒有造成日本巨大反彈。然而張作霖政權也曾遭遇挫折，接下來我將舉一個例子說明。

歸還關東州的審判權，等於不承認日本的治外法權，因此得更慎重處理。王永江認為日本不可能一次歸還整個關東州的審判權，決定先從金州、復縣等地著手。

然而不像奉海鐵路，歸還審判權對日本一點好處也沒有，甚至有可能造成日本的司法權後退。因此最後日本沒有答應。

此外張作霖政權回收鐵路時亦曾踢到鐵板，比如說安奉鐵路。安奉鐵路因清末複雜的脈絡、與朝鮮半島的來往等具重要意義，因此提到回收，王永江與日本都找不到妥協點。奉天總領事船津辰一郎觀察的結論是：「王永江是愛國主義者。」有一次他問王永江：「你沒有直接回收利權，但你打算借用眾人的智慧、省議會的議員，逐漸回收日本的既得利益吧？」當時王永江答道：「在省議會、民治俱進會（**之後將提及**）或報社記者等部分知識分子中，的確有些言論企圖阻礙中日外交」、「若當局的態度過於強硬可能會造成反彈，所以我正在苦思對策」。（卷末註❽）

一九二四年五月十八日，省議會決議「未經省議會通過，與奉天省土地、滿鐵附屬地有關的一切權利不得擅自締結條約」。此事使滿鐵一口咬定王永江「反日」並舉省議會等輿論指責王永江「為求自保在所不惜」。

王永江與「民意」的關係以一九二四年為分水嶺。一九二四年前，「民意」受他主導，王永江甚至為求張作霖政權穩定而如一九二二年般利用「民意」；一九二四年後，王永江的地位依舊，但「民意」在「保境安民」時期更顯重要。因此哪些人物、哪些團體代表「民意」，就會影響王永江與「民意」的關係。

根據日本外務省的記錄，奉天省議會於一九二四年十二月成立「國是討論會」，一九二五年一月選舉委員時選出「國民黨的反日思想家」——民治俱進會長、東三省民報社長趙鋤非擔任委員長。由於選出的委員大多是趙派議員而掀起爭議，但王永江還是認可了。

民治俱進會由「滿洲」革命家張夢九創立、趙鋤非承續，並於一九二四年六月成為由張作霖擔任選舉總監督的公認團體。若以議會比喻，民治俱進會就像是其中的政黨。東三省民報社亦由張夢九創立，張夢久過世後便成為半官營的機構。東三省民報社每個月支領奉天督軍署軍需處發行經費、接受奉天省署與政務廳派遣人員的監督發行內容；而省署會要求各縣訂閱東三省民報。（卷末註❾）

張作霖先前為掌握奉天省實權而不惜暗殺革命家，那麼為何國民黨勢力仍能於此時能迅速成長？推測應是孫文積極接觸張作霖，而張作霖為統一全中國也樂見與孫文合作。

孫文沒有自己的軍隊，被迫將臨時大總統的位置讓給袁世凱；而使袁世凱稱帝失敗的護國戰爭也沒能奪取北京政權。他暫以廣東省為據點，與當地的軍閥陳炯明（一八七八年至一九三三年）合作，卻遭陳炯明背叛。他收復失地但政治面遲遲沒有進展，在與其他軍閥合作之前，只能不斷轉移據點。

前文提及王永江在「保境安民」時期初期不打算與其他勢力合作，但考量全中國的政局、張作霖的策略才改變立場。當時孫文與共產國際（第三國際）合作，並受其指導與中國共產黨合作，以圖再次統一中國。教科書詳細敘述了此事對後世的影響，卻很少提及孫文與張作霖的接觸。

張作霖政權的課題

張作霖認可並容許國民黨勢力成長，表示國民黨勢力將大幅度地為張作霖政權帶來反日色彩。也因為如此，這一年張作霖政權出現各種讓日本傷腦筋的問題。

一九二四年是關鍵的一年。不僅「保境安民」時期畫下句點，張作霖對日本或對全中國的立場也有所改變。

張作霖政權尚未鞏固地方行政與財政，最重要的課題就一口氣提升至「與國內其他勢力合作，以統一全中國為目標而參與國政」——這與張作霖政權的「民意」改變有很大的關係。其中，「民意」的反日情感不僅引起日本的不悅，也使力求獨立並與日本共存的張作霖政權感到為難。

對王永江而言，未鞏固地方行政與財政的最大的矛盾，還是軍事經費增加的問題。即使王永江屢次勸告，張作霖仍堅持參與國政並以打倒直系為第一個目標，重新擴張軍備。王永江不僅勸告張作霖，亦寫信向深受張作霖信賴的參謀長楊宇霆力陳縮小軍備對發展民治的必要性，請楊宇霆出面遊說張作霖。王永江以強硬的語氣警告：「將來不待外力來侵，已成自殺之策」。我曾看過這封信的照片，王永江的筆跡是秀麗的行書體，足見其學養之高。

有了王永江，張作霖政權才能繼承並發展清末新政時期地方行政與財政的改革。然而張作霖並不滿足，他進一步以參與國政為目標。為實現此目標，他毫不猶豫地接受日本的武器與資金——此舉看似矛盾，但他應該非常清楚日本的意圖。他應該也知道再增加支出，不僅王永江等人反對，政權也難以為繼。由此可知，他之所以接受日本的協助，是因為他有自信能主導政權。

張作霖或許過於樂觀，但日本也協助中國的其他軍閥，並非獨惠張作霖政權。此外張作霖政權還有王永江這樣的人物，張作霖不可能獨斷專行。觀察個別的談判情形，就能看出日本無法對張作霖政權為所欲為。

王永江之所以反對張作霖參與國政，是因為張作霖政權的行政與財政基礎並不穩固。偏重軍事經費，只會加重百姓的負擔。若只靠日本投資或協助填補財源缺口，不是長久之計。過於依賴外力，不僅有可能動搖或分裂政權，還有可能招致日本或中國各勢力的干涉。王永江主張的「保境安民」絕非消極，而是穩定政權的必要策略。不過他與張作霖對於政局的看法不同，因此無法完全說服張作霖也是事實。

四　自郭松齡事件至王永江辭職

張作霖奪取北京政權

一九二四年九月，張作霖的奉系再次與直系交火，引發軍閥在長江下游的混戰。直系的馮玉祥（一八八二年至一九四八年）於北京叛變，戰局轉而對奉系有利。取得勝利的張作霖，終於順利奪取他心心念念的北京政權。

然而長江下游原本不是張作霖的地盤，當他派遣手下前往各地，便受到猛烈反彈。主要原因是他為盡快回收內戰消耗的軍事經費，於經濟繁榮的長江下游課重稅。原本協助他的馮玉祥不僅離開，甚至自稱「國民軍」促使國民黨北伐，發動反奉戰爭。孫文於一九二五年三月過世，但接班人蔣介石從平定廣東省與其周邊的軍閥開始北伐。張作霖掌握北京政權才沒多久，地位已岌岌可危。

一九二五年二月，受張作霖之命負責鎮壓反奉戰爭的郭松齡突然叛變——前文提及此事對張學良造成巨大影響。本節將主要探討王永江如何因應、日本軍隊如何干涉。

郭松齡曾以同盟會員的身分從事革命運動，因此儘管身為張作霖的副官，但他一直對軍閥長年混戰、奉系擴張勢力等情形耿耿於懷。因此受馮玉祥煽動舉兵，只是他叛變的導火線。他提出張作霖與楊宇霆下台、張學良接任與停止與國民軍作戰等要求，不僅張作霖，日本也對郭松齡突然叛變感到意外。當時日本派遣參謀浦澄江前往確認郭松齡的真實意圖。

目前保存於日本防衛省防衛研究所的陸軍記錄《密大日記》，記錄有浦澄江與郭松齡的會面情形。當時郭松齡強調之所以叛變，是因為張作霖的「武力統一政策失敗」。張作霖掌握北京政權後，企圖以國庫供應軍隊所需，但國庫短絀導致張作霖要求各省負擔（**尤其是新取得的長江下游地區**）——郭松齡認為此事加重百姓的負擔，決定舉兵。與張作霖政權相比，北京政權儘管有鹽稅、關稅等收入，財源仍顯貧乏。若不強制各地方勢力上繳費用，根本無法支撐下去。

此事發生於張作霖政權因「保境安民」畫下句點而自各層面開始改變時，具有十分重大的意義。此事的詳細經過與日本方面的軍事、外交行動已有許多研究（參考卷末「參考文獻」），此處不再贅述。只是這些研究大多不會著眼於仕紳與張作霖的橋梁——王永江。

一九二四年後，張作霖政權的重心自鞏固地方行政與財政迅速轉移至參與國政。對此我有幾個疑問——王永江的地位有何影響、王永江如何因應，以及郭松齡事件有何意義？接下來我將補充說明王永江於此事發生時採取的行動，與這些行動對張作霖政權、對社會產生的影響，並藉此進一步探討王永江的動向。

郭松齡叛變

辛亥革命時，郭松齡隸屬於駐屯四川省的新軍。當時他已加入同盟會，並在返回奉天後接近革命派的聯合急進會，遭湯玉麟逮捕。獲救後，他自北京的陸軍大學畢業、參加護國戰爭等，累積不少經驗。一九一九年，他獲聘為奉天講武堂的教官，再次返回奉天。

張作霖應該知道郭松齡的來歷與主張，但他十分肯定他身為軍人的能力，甚至將長男張學良交給他教育。不過他之所以重用郭松齡，最重要的原因或許是為了制衡楊宇霆等曾赴日留學者的「洋派」勢力。郭松齡等只在中國的士官學校接受近代軍事教育的人被「洋派」蔑稱為「土派」。然而馬賊出身且從未接受正統軍事教育的張作霖不在意土洋之分。對他而言，楊宇霆、郭松齡都很重要，而兩人統領士兵的能力亦有目共睹。自王永江與湯玉麟對立以來，張作霖政權已有長足進步，部下們不再像馬賊時代混亂而缺乏秩序。

郭松齡叛變十天前，其主官張學良視戰況對奉天軍不利，為勸告父親停戰而離開前線，因此第三方面軍由郭松齡全權指揮。第三方面軍是奉天軍的精銳部隊，郭松齡卻突然叛變。足見張作霖父子對郭松齡信賴之深、此事對張作霖父子打擊之深。張作霖甚至一度懷疑郭松齡是受張學良指使。

接到郭松齡的通知後，張作霖立即解除楊宇霆的職務，要求楊宇霆於大連靜候指令。王永江進一步召集省議會以下的各機關，要求各機關發出通知勸告郭松齡投降。之後奉天省城發布戒嚴令。自十一月下旬至十二月上旬，郭松齡部隊與張作霖部隊持續內戰。

有別於第一次直奉戰爭，此次奉天的百姓意外冷靜。根據當時日本總領事吉田茂的觀察，這都是王永江的功勞。他迅速召集相關人士、發布戒嚴令，以維持省城的治安。此舉雖然造成百姓不便，但至少百姓都很安心。因此吉田茂向日本報告時指出——日本可靜觀其變，先交給張作霖、王永江處理。吉田茂這麼說或許是為了反駁日本軍隊的強硬意見，但他高度肯定王永江的行政手腕與危機管理能力一事耐人尋味。此外吉田茂判斷鞏固民政對未來的日奉關係也很重要，因此傾向支持王永江（亦即支持張作霖）。不過張作霖部隊於十二月五日大敗，張作霖依照郭松齡的要求表態即將下台，甚至因絕望而自殺未遂。

王永江的苦衷

戰局對張作霖不利時，王永江的態度有所改變。國民黨勢力強大的省議會很早就寄密函給郭松齡表達樂觀其成，也有要求張作霖發布正式下台的態勢。王永江亦向吉田茂表示將和平移交政權，希望吉田茂盡快聯絡日本軍隊。因此吉田茂決定靜觀其變。

期間——尤其是郭松齡大勝的十二月五日後——是王永江掌握政權的大好機會。當時張作霖意志消沉，將一切都交給王永江處理，而且距離郭松齡部隊進入省城還有一段時間。然而王永江卻對張作霖下台後的政局猶豫不決。

吉田茂曾直接詢問王永江的想法，王永江認為有三個選項：第一是設法讓郭松齡部隊退至山海關外，等待張作霖決定。第二是讓張作霖、郭松齡以外的第三者接任張作霖政權。第三是讓百姓，特別是省議會以下的各機關選出接任張作霖政權者。當吉田茂進一步詢問，王永江表示第三個選項難以取得共識。可以推測，足見實現的機率最低。

王永江猶豫不決有其道理。畢竟王永江能繼承清末新政地方行政與財政的改革並解決部分問題，是因為張作霖政權提供了符合條件的環境。郭松齡批判張作霖擴張軍備，希望恢復重視東三省行政與財政的方針。因此王永江見戰局對張作霖不利，的確曾考慮與郭松齡合作。然而郭松齡背後還有國民軍勢力的未知數，即使郭松齡勝利，國民軍也不一定會依照郭松齡的要求，承認張學良於東三省的領導地位。那麼長年追隨張作霖的地方社會說不定會陷入一片混亂，使王永江在「保境安民」時期的努力付諸流水。

最後此事不再只是張作霖與郭松齡的問題。若郭松齡取代張作霖，日本對「滿洲」、中國的政策與投資勢必也將大幅調整。考慮國民軍的方針，郭松齡不太可能承續與日本協調的路線。倍感不安的日本軍隊儘管沒有直接介入，仍決定禁止郭松齡部隊進入滿鐵的使用地或附屬地。

王永江開始行動後一週，包括張作霖部隊自黑龍江獲得一三八〇名援軍、日本以保護滿鐵與日僑的名義增兵等，戰局漸漸對郭松齡不利。有鑑於此，王永江決定留在張作霖政權內。

十二月十五日，日本要求步兵二大隊與野砲二中隊（以下稱先發部隊）自朝鮮移動至奉天省；廿一日，進一步派遣久留米第十二師、混成一旅團（步兵四大隊、騎兵等三中隊）與近衛師團等約兩千五百名，與先發部隊交接。儘管當時調度是以「保護帝國臣民」「擁護帝國權利與利益」為名義，但先發部隊十九日才抵達就傳出「挽回奉天軍」的消息，足見日本的意圖。對日本而言，比起部分關東軍日後炸死張作霖，郭松齡事件更是讓日本軍隊介入「滿洲」的大好機會。日本之所以協助張作霖政權，應該是因為還認為張作霖可以是日本的「傀儡」。

另一方面，戰局對郭松齡有利時樂觀其成的省議會等勢力，此時亦轉而支持張作霖。他們著手設立東三省保安會，並推舉張作霖擔任會長。張作霖軍隊接受各方協助，於廿二、廿三日的決戰中大勝、於廿四、廿五日逮捕郭松齡夫妻。郭松齡夫妻未接受張作霖訊問，即遭楊宇霆槍殺。張作霖政權雖暫且得以渡過危機，但郭松齡事件在張作霖政權仍餘波蕩漾。

王永江辭職

郭松齡事件後，政局依然混亂。不僅該如何處理郭松齡指定接任的張學良是問題，深受內戰影響的張作霖是否能面對反奉戰爭與北伐也很重要。

一九二六年初期，王永江長年主張的「保境安民」極具說服力。軍人反省反奉戰爭、郭松齡事件是否因一九二四年未貫徹此方針而起，張作霖亦於一九二五年十二月六日以「父老」（亦即仕紳）為對象發布公約，內容提及未來將縮小軍備並厲行節約，防止金融混亂、維持貨幣價值。同時將發揮民治、建設文化等。由於張作霖已全面倚賴王永江，前述公約也可說是王永江的主張。之後王永江相信張作霖政權應該會也必須要信守承諾。

王永江於一九二六年一月召開的善後會議中強調張作霖政權得大膽改革，內容提及——目前奉天省一年的軍事經費為兵工廠的兩千三百萬元、經常性的一千八百萬元、張作霖個人的機密費約一千萬元，共五千一百萬元，然而歲入只有兩千三百萬。為解決此情形，得削減兵工廠的經費四成、取消張作霖個人的機密費，以發展經濟、振興實業。同時得縮小軍備至三、四個師。

即使是王永江，也無法否認張作霖政權十分倚賴軍隊。但若不訂出規則，將軍事經費控制在張作霖政權能力所及的範圍，將來勢必會出事。換言之，前述目標是王永江構想的規則，亦即張作霖政權勉強可以負擔的程度。

然而或許他的建言過於具體，不僅管理兵工廠的楊宇霆強烈反彈、被點名得取消機密費的張作霖也勃然大怒。結果王永江的意見沒有通過。加上張作霖一月中旬與宿敵吳佩孚結盟，為與蔣介石率領的北伐軍決戰而再次擴張軍備。二月十九日，王永江以治療宿疾為由突然返鄉，再也無意返回奉天。當時日本判斷張作霖政權有些動搖，但此次危機並不如郭松齡事件，因此也沒有介入。

三月二日，王永江正式提出辭呈。他在其中重申「保境安民」，最後一次勸告張作霖。張作霖沒有預料到王永江會辭職，連忙展開各種遊說行動。然而王永江於五天後再次提出辭呈，張作霖只得受理。親近王永江者認為若張作霖認真實施「保境安民」，王永江有可能重返崗位。然而張作霖認為王永江此舉為「叛變」而怒不可遏，根本聽不進去。的確，相對於郭松齡舉兵，手無寸鐵的王永江只能訴諸文字。張作霖也明白，王永江此舉是賭上政治生命的抗議。儘管兩者的手段不同、與反奉勢力的關係不同，但兩者有一個共通點——他們認為基礎不穩固的張作霖政權若參與國政，將會瓦解其在「滿洲」的統治。

結果張作霖未慰留王永江，亦未改變參與國政的想法。張作霖敬愛王永江並視其為左右手，但慰留王永江就無法對其他手下起警告作用。加上即使仕紳希望王永江重返崗位，卻沒有大幅調整統治方針的動向。就近代的意義來說，張作霖政權的「民意」還不夠成熟。

事實上，治療宿疾一事並非謊言。王永江辭職後，健康狀況一落千丈，於一九二七年過世。那是張作霖遭炸死，其政權畫下句點的前一年。王永江離開政界後，內心並沒有恢復平靜。他透過詩集《鐵龕詩草》（鐵龕是王永江的號），寫下人生最後鬱悶的心情。

五　炸死張作霖

日本軍事顧問

王永江的話題在此告一段落，接下來我想說明一下張作霖的軍事顧問——自郭松齡事件起，日本軍隊介入張作霖政權的問題變得顯著，而軍事顧問是「傀儡論」的重要根據。（卷末註⑩）

甲午戰爭後，日本由參謀本部直接派遣軍事顧問赴中，正式名稱為「應聘將校」。一開始，清朝各地的軍校聘請軍事顧問擔任教官；民國時期除了北京政府，其他軍閥也會依不同條件聘請軍事顧問。基於前述脈絡，重要人物身邊的日本軍事顧問不僅要提供軍事面的建議，還得向參謀本部報告手上大大小小的情報。就這一點來說，張作霖等於被軍事顧問監視，而日本也期待軍事顧問有所作為。

然而人不一定會依照組織的想法行事。比如說自一九一四年至張作霖死後擔任軍事顧問的町野武馬（一八七五年至一九六八年）在一九二〇年安直戰爭時就沒有預期張作霖會介入直系，且最終直系獲勝。在重要人物身邊卻無法提供參謀本部想要掌握的情報，可說是致命傷。不過町野武馬最後辭去陸軍官位而專注於軍事顧問一職，因此他提供建議時可以不考慮日本的利害關係，深受張作霖信賴。

相對於任期屆滿後接受慰留的町野武馬，與其同時期擔任軍事顧問的菊池武夫（一八七五年至一九五五年）於一九二〇年任期屆滿後返回日本，與張作霖並不親近。菊池武夫返回日本後升至陸軍中將，之後成為貴族院議員並活躍於政界，是國體明徵運動的關鍵人物——也難怪他無法與張作霖氣味相投。

繼菊池武夫，參謀本部推薦土肥原賢二（一八八三年至一九四八年）接任。不過張作霖聽從町野武馬的建議，予以婉拒。參謀本部轉而派遣本庄繁（一八七六年至一九四五年，於一九二一年至一九二四年擔任軍事顧問）。若此事屬實，表示町野武馬不再對參謀本部的指示照單全收。

本庄繁於九一八事變爆發時，擔任關東軍司令官。他受人愛戴，就連與他敵對的張學良在接受訪問時也曾表達對他的敬意。（卷末註⓫）根據他的直屬副官佐佐木到一（一八八六年至一九五五年）的說法，他於任期屆滿後，就任北京日本公使館武官。當時任安國軍總司令而經常前往北京的張作霖有事找他時（卷末註⑫），無論時間多晚，他都不會推辭——或許是身為前顧問的道義吧。在此順帶一提，土肥原賢二是特務專家，經手無數秘密行動，戰後遭遠東國際軍事法庭判為甲級戰犯並處以死刑；本庄繁則是在聽聞遠東國際軍事法庭發出逮捕令時自盡身亡。

於本庄繁任期屆滿後接任軍事顧問的松井七夫，如町野武馬般，為張作霖費心勞力。從戶部良一的研究可以看出，松井七夫於第二次直奉戰爭、郭松齡事件的貢獻。松井七夫、町野武馬與張作霖十分了解當時的中國人與中國情勢，因此當他們說：「中國人反日，日本人也要負一定的責任」，使一九二六年就任關東軍高級參謀的河本大作（一八八三年至一九五三年）對他們十分反感。（卷末註⑬）

使河本大作反感的對象甚至涵蓋所有軍事顧問。因此一九二八年關東軍將張作霖炸死時，並未事前告知軍事顧問。張作霖遭炸死時，也在火車上的軍事顧問儀我誠也（一八八八年至一九三八年）千鈞一髮獲救。儀我誠也對前往救助的軍事

顧問荒木五郎（中國名為黃慕，當時任奉天警備司令）說：「他們明明知道我也在車上還引爆，真是太過分了。」（卷末註⓮）

由此可知，軍事顧問大多支持張作霖，而不一定能滿足日本的需求。河本大作甚至曾形容軍事顧問是張作霖身上的「寄生蟲」「跳蚤」（卷末註⓯）——連日本駐屯「滿洲」最大規模的軍隊的高級參謀都質疑軍事顧問的意義，足見日本不可能透過軍事顧問培養張作霖為傀儡政權。

北伐開始

蔣介石平定廣東省後，於一九二六年二月就任全國（其實是指國民黨勢力範圍）陸軍總監、四月就任軍事委員會主席，成為北伐軍（國民革命軍）最高指揮官，並於五月派遣先發部隊。另一方面，馮玉祥率領的國民軍與奉天軍的衝突一發不可收拾，一九二六年三月十八日爆發大規模戰鬥。奉天軍在張作霖與吳佩孚結盟後獲得援軍，且日本、英國於軍事面提供協助，一直處於上風。然而戰局拉長，逐漸失去正當性的奉天軍遭國民軍、北伐軍夾擊而陷入困境。十一月，控制華北、東北共十五省的奉直聯軍改稱「安國軍」，由張作霖擔任總司令。自此之後，張作霖的頭銜改為「大元帥」。

一九二七年一月，國民政府自以往的據點廣東省廣州，遷至北伐後占領的湖北省武漢。武漢由辛亥革命爆發地武昌與漢口、漢陽合併而成，國民黨此舉可說一償宿願。馮玉祥原本一邊與北伐軍合作一邊維持獨立勢力，但於此時正式成為國民革命軍第二軍總司令。四月十二日，蔣介石於上海發動「四一二反革命政變」，屠殺為北伐軍開路的共產黨員。此時北伐軍占領南京。因蔣介石擅自屠殺處於合作關係的共產黨員之故，武漢國民政府做出解除職務的處分。不過蔣介石於七月成立南京國民政府，使國民黨一分為二。南京國民政府完全排除共產黨員。武漢國民政府也無法保全共產黨員，進而取消與共產黨合作並加入南京國民政府。

郭松齡事件後，日本的對中策略基本上是支持張作霖。坐擁「滿洲」諸多利權的日本，或許認為「滿洲」的張作霖統一全中國可擴大日本的影響範圍，而日本於東亞甚至國際社會的發言也將更具份量。

因此一九二七年後，日本不再協助其他軍閥而將所有資源都集中在張作霖身上。日本外交史研究普遍認為一九二六年，第一屆若槻禮次郎（一八六六年至一九四九年）內閣的外務大臣幣原喜重郎（一八七二年至一九五一年）主張協調外交；隔年兼任外務大臣的田中義一卻主張武斷外交——或許是日本甫自大正時期轉換至昭和時期、因外交面與軍事面的齟齬而於一九二八年決議炸死張作霖，基本上我對此論述沒有異議。事實上，日本始終都在思考如何維持「滿洲」利益，只是幣原喜重郎與田中義一的想法不同。

幣原喜重郎主張不一定要拘泥於支持張作霖，可提前布局以因應其他勢力統一全中國的可能性。為此，他沒有取消協助其他軍閥，且認為日本任何明確的軍事援助行動都得與國際社會協調。就這層意義來說，他的態度比較柔軟。提及「協調外交」，許多人會聯想到發生任何事都和平解決的理想狀態。然而當時日本思考對中策略，不可能忽略軍隊動向。為避免日本於北伐軍成功統一中國並建立全新的政治體制時遭遇外交困難，無論對中策略是否支持張作霖，如何維持「滿洲」利益與如何面對北伐軍都是一體兩面。

田中義一主張應以武力因應北伐軍，因此一九二七至一九二八年，曾三次出兵山東省。其中，一九二八年五月與北伐軍的衝突稱為「濟南事變」。儘管北伐軍有所死傷，但其北上的力道並未如田中義一預期般減弱。

張作霖遭炸死

之後日本勸告漸居劣勢的張作霖退出關外，因此他離開北京。在他做出此結論前，日本預想萬一北伐軍進入「滿洲」，就支援他的兵力。前提是要求他答應與滿鐵合作之前懸而未決的滿蒙五鐵路計畫，進一步擴大日本的利益。

原本張作霖無意簽訂協定，談判遲遲沒有進展。然而面對奉天軍無法獨自面對北伐軍的現實，他也只能點頭。一九二七年十月，張作霖與滿鐵社長山本條太郎簽訂協定。日本政府為確保張作霖順利返回奉天，再次向北伐軍施壓，要求北伐軍於「滿洲」前止步。

由此可知，日本政府——田中義一內閣——採取支持張作霖的方針。雖然只倚賴他不保險，但「滿洲」沒有比他更適合的人選。他因此得以返回奉天，只是萬萬沒想到關東軍會炸火車。

河本大作等部分關東軍的將校企圖解除張作霖部隊的武裝，使關東軍成為防衛「滿洲」的唯一武裝勢力。儘管張作霖部隊——尤其是一九二七年後——接受日本的武器與資金，卻未對日本唯命是從。這一點從滿蒙五鐵路計畫遲遲沒有進展也能看出。因此無法確認繼續支持張作霖，是否能擴大日本的利益。關東軍的本分是維持鐵路與鐵路周邊的治安，而部分關東軍凡事都以鐵路權益為優先考量（儘管他們不了解滿鐵談判的辛勞）。當他們發現日本採取的方針與他們的立場不同，就為達目的而不擇手段地排除張作霖。事後回顧，炸死張作霖的計畫可說極為周到而保密。

關東軍的首謀熟悉運行時刻，依照計畫炸了張作霖搭乘的火車，但他們不確定張作霖到底死了沒有。期間，張學良順利承續政權。待一切公諸於世時，局勢已然穩定，關東軍根本無法介入——這是關東軍的奇恥大辱，也是三年後柳條湖事件的種子。

對「傀儡論」存疑

簡單來說，我在本章想要強調的是「張作霖政權不是日本的傀儡政權」。張作霖政權在優秀的行政官吏王永江帶領下，包括改革警政、統一稅務機構、重整財政、鋪設鐵路、創辦大學等，推動重要事業。省議會也有巨大的力量，一九二四年左右甚至出現反日傾向。條件優越的張作霖政權統治地方的前提是維持日本的「滿洲」利益。因此兩者時而妥協時而對立，但終究是以共生共存為目標。

然而張作霖政權在面對兩大課題時逐漸失衡——郭松齡叛變一事使王永江與張作霖的差異更加明顯、張作霖政權的目標逐漸從統治地方轉向統一全國。當維持政權平衡的王永江辭職，沒有人可以勝任他的工作。因此張作霖政權與日本的關係逐漸陷入僵局。

在力量（軍隊）與資金（財政）決定一切的民國初期，王永江的武器只有政治理念、「民意」等無形的事物。他負責財政，卻不曾中飽私囊。面對日本也不會絕對的服從或高壓，而是冷靜而慎重地掌握反映於政權的「民意」，以共生共存為目標。缺乏力量與資金，就連康有為、孫文那樣的人物都難以完成政治改革。王永江追隨擁有強大武力的軍人張作霖，加上身處軍閥混戰的民國時期，卻勇敢挑戰政治改革長達十年以上的時間，可說精神可嘉。

在此時期，張作霖可以與日本談判的籌碼越來越少，因此部分關東軍將校判斷他已無利用價值而將他炸死。

日本的組織一直有一個缺陷——軍事顧問與關東軍、軍隊與外務省，就連關東軍內部都缺乏緊密的聯絡、指揮系統。此事導致日本對張作霖（政權）的了解不夠徹底，甚至導致部分人員以錯誤的情報、先入為主的觀念形成幻想而出現脫軌行為。尤其是日本陸軍，深受此陋習影響。

若當時張作霖能保住性命，應該至少要向關東軍主要幹部說明自己的存在價值。不過這個任務太困難，張作霖政權沒有餘裕也無人可以達成。張作霖政權與日本——先不談個人與個人間，只探討組織與組織間——無法冷靜討論又缺乏緊密連結，這對中日兩國與之後的中日關係，都是一種不幸。

第四章
日本人與「馬賊」

中國共產黨政權之所以協助朝鮮民主主義
人民共和國，不只是基於雙方同為社會主義
國家的情誼，也是因為金日成曾與
中國人一同於滿洲抗日。

第一次「滿蒙獨立」運動[1]

張作霖與「馬賊」的差異

張作霖出身赤貧、以「馬賊」發跡，最終成為國家元首。綜觀中國史，他的際遇與古代漢高祖劉邦（前二四七年至前一九五年，在位前二〇六年至前一九五年）、近世的明太祖朱元璋（洪武帝，一三二八年至一三九八年，在位一三六八年至一三九八年）相似。即使是在經常改朝換代的中國，亦屬少數。

兩者最大的差異有二。一是劉邦、朱元璋即使度過波濤洶湧的人生，還是得以善終。二是劉邦、朱元璋死後，漢朝、明朝出現激烈的鬥爭。相較之下，雖然張學良槍決張作霖的心腹楊宇霆與其手下常蔭槐（一八七九年至一九二九年；另有一說常蔭槐生於一八八九年），但沒有採取其他行動。張學良的地位也沒有受到任何影響。

在此順帶一提，張學良生前沒有透露槍決原因。不過根據近年研究，槍決原因是「楊宇霆與常蔭槐持續獨吞軍工廠的利益而不依照張學良的命令歸還，導致政府財政窘迫。」王永江曾企圖阻止他們但沒有成功，而張學良順利解決——這起事件象徵張學良繼位不只是受父親庇蔭，而是真正的世代交替。

漢朝、明朝克服前述的危機，維持了長久的政權。相對的，張作霖在世時實力堅強的袁世凱稱帝失敗、乘亂擁護溥儀復辟的張勳也未造成影響，便進入中華民國的時代。中國在辛亥革命後一片混亂，順利發展近代化的日本人往往認為中國較日本「落後」。然而，辛亥革命具有世界性的意義，並能夠迅速平息其後的反動勢力。就這一點來說，中國於政治方面的進步絕對不容小覷。

承續張作霖政權的張學良即使失去政權，仍大幅度改變國民政府的框架，甚至提升中國在世界上的地位。中國積極抗日後躋身列強，並自第二次世界大戰後於世界扮演重要的角色（逃亡至台灣的「中華民國」原本是聯合國常任理事國，一九七一年被「中華人民共和國」取代）。

1　一九一一至一九一二年。

張學良可以追隨父親，於「滿洲」承續「張氏王朝」，但他沒有這麼做。他身為典型的新文化．五四運動世代，可說是強化民國亦即共和制——此處忽略蔣介石的獨裁政治，僅就字義而言——的「民國之子」。若張作霖政權貫徹「馬賊」特質，將止步於坐擁奉天省的中規模軍閥，而中國也不會如此變化。

相信各位已經發現隨著章節前進，「馬賊」的色彩越來越模糊，前一章更是淡薄。為了補充，本章將介紹至今未能說明，與馬賊、土匪、土豪有關的插曲，藉此探討張作霖與其他人物的差異。本章亦將探討馬賊、土匪、土豪對社會造成的影響，與其存在的意義。

清朝再興運動

包括下一節提及，日本人策動的第一次與第二次「滿蒙獨立」運動，可參考波多野勝等先進的研究成果（參考卷末「參考文獻」）。接下來，我將根據波多野勝的《滿蒙獨立運動》（卷末註❶）、《日本外交史辭典》（卷末註❷）與上坂冬子的《男裝麗人——川島芳子傳》（卷末註❸），並補充部分其他與本書主題有關的內容，提供各位參考。

日本之所以策動「滿蒙獨立」運動，是為了透過軍事介入辛亥革命後風雨飄搖的中國，使「滿洲」與內蒙古自中國獨立。革命當時，日本政府由第二屆西園寺公望（一八四九年至一九四〇年）內閣執政。本屆內閣訂定堅守中立的外交方針，希望在不刺激列強的情形下，使日本於全新制度的中國享有經濟利益。然而此舉招致部分企圖在中國擴大版圖的日本陸軍、期待發揮政治謀略的大陸浪人強烈不滿。

日本軍隊於義和團運動發生時加入八國聯軍。當時擔任口譯的川島浪速（一八六五年至一九四九年）於日本軍隊占領地區創立北京警務學堂，並於日本軍隊撤退時負責監督，獲得當時的直隸總督袁世凱與清朝皇族的賞識。袁世凱參考川島浪速的建議創辦天津的警察制度，並企圖推廣至北京甚至全中國。

川島浪速與北京警政負責人——肅親王善耆（一八六六年至一九二二年）、善耆的妹夫——蒙古王公喀喇沁，以及蒙古王公巴林交情甚篤。當時清朝內部視善耆為激進的改革派，而解除其職務。然而善耆認為清朝親日可以抵抗來自俄羅斯的壓力，因此維持與川島浪速的友好關係。根據川島浪速的說法，兩人於一九〇六年底結為義兄弟。儘管上坂冬子訪問善耆的第十四王子憲立（**原名顯玗的川島芳子為善耆的第十四王女，與憲立同母**）否認此事（**卷末註❹**），但即使沒有公開儀式，雙方還是可能以義兄弟相稱。

革命爆發後，川島浪速將延續清朝命脈的希望放在袁世凱身上。但自從他得知袁世凱以宣統皇帝退位為條件與革命派議和，便企圖暗殺袁世凱。他的暗殺沒有成功，但善耆仍期待他可以重振清朝，甚至組成政治結社「宗社黨」。他除號召大陸浪人一同參與，亦曾接觸張作霖等陸軍相關人士。一九一二年二月，他與陸軍大佐高山公通協助善耆一家離開北京，至日本的租借地旅順。善耆於故地「滿洲」接受日本的庇護，除了人身安全，也是想借重壓制革命派有功的張作霖的力量。奉天總領事落合謙太郎向日本政府報告此事，日本政府決定保障善耆一家的生活、維持宗社黨的勢力，但不再提供協助。同時，日本政府命令川島浪速返日。

根據憲立的說法，善耆曾密遣親弟弟善予請張作霖提供協助。當時張作霖表示——其實袁世凱的使者就在其他房間，而且帶了三百萬元來收買他。如果清朝能準備八百萬元，他就站在清朝這一邊。善予還在猶豫能否擅自作主，他的部下就因怒斥張作霖無禮而遭張作霖的部下殺害，他也只好離開。據說善耆晚年對此事耿耿於懷，認為如果他直接去找張作霖談判，結果應該會不一樣。（卷末註❺）

此事亦無從考證真偽，但軍隊確實會因資金決定服從或叛變。張作霖行事強悍，或許打從一開始就無心效忠式微的清朝，只是沒有直接拒絕。提出清朝不可能籌得出來的金額，只是為了安穩地送客吧。

計畫受挫

川島浪速即使返回日本，仍為善耆一家的生活費、宗社黨的活動費奔走，甚至為善耆、喀喇沁的子女的教育問題費心。他安排善耆的第七王子憲奎（金壁東，川島芳子異母的兄長）至日本留學，並提供食宿。當然他這麼做是為了維繫中國的親日派，但也確實獲得善耆一家超越政治考量的友情與信賴。

除了高山公通，日本陸軍內部還有多賀宗之少校等人願意提供協助。蒙古王公喀喇沁、巴林離開北京時，他們私下請日本參謀本部借出三萬圓、請日本外務省借出八萬圓，共十一萬圓。然而此舉使張作霖產生戒心。張作霖支持兩名王公逃亡，但對日本的謀略謹慎以對。

即使日本政府官方表示不再干涉，川島浪速仍持續在日本活動。他發現向蒙古軍隊提供武器、彈藥十分困難。為此，他在「滿洲」的同志薄益三（自稱天鬼將軍）一九一二年五月與當地的「馬賊」左憲章合作，成立了「滿蒙獨立義勇軍」，協助運送武器、彈藥。然而「滿蒙獨立義勇軍」經歷嚴峻的行軍、飢餓、資金短缺與其他馬賊的襲擊，還得面對巴林抱怨武器老舊等問題，士氣逐漸低落。六月上旬，義勇軍於奉天省鄭家屯北部與中國官兵激烈衝突，造成多數死傷（鄭家屯事件）。為避免演變成中日間的外交問題，義勇軍運送的武器、彈藥當場燒毀。第一次「滿蒙獨立」運動就此受挫。

但善耆與川島浪速的關係絲毫不受影響。川島浪速沒有子嗣，善耆於一九一四年將七歲的十四王女顯玗送往日本，做他的養女。善耆為顯玗取字「東珍」，希望顯玗於「東洋」受到「珍客」般的款待——顯玗就是命運曲折離奇的川島芳子。

二　第二次「滿蒙獨立」運動[2]

蒙古人巴布札布

中國因袁世凱復辟而掀起護國戰爭時，日本再次企圖干涉中國的內政——以陸軍參謀本部為主，支援反袁世凱勢力。到了一九一六年三月，前一年對中國展現強硬態度而提出「廿一條要求」的第二屆大隈重信（一八三八年至一九二二年）內閣「默許」日本人反袁世凱。川島浪速等人藉此機會拉攏曾於日俄戰爭加入「東亞義勇軍」的蒙古「馬賊」首領巴布札布（一八七六年至一九一六年）。

巴布札布與湯玉麟有一樣的出身與遭遇——同為土默特旗出身的蒙古人，皆因土地被漢人移民搶奪而只能以從事馬賊行當維生。當外蒙古於辛亥革命發生時趁亂宣布獨立，內蒙古自然響應。巴布札布為使整個蒙古獨立，自內蒙古加入戰局。

2　一九一五年至一七年。

然而過去企圖協助蒙古獨立的俄羅斯為避免影響對日關係，不僅未協助內蒙古，還使獨立運動無法擴大。俄羅斯甚至讓外蒙古軍隊攻擊內蒙古的獨立運動軍。被迫孤立的巴布札布只得反過來與日本結盟，以對抗外蒙古軍隊與其背後的靠山俄羅斯。

為指揮結合巴布札布部隊與宗社黨的勢力，日本參謀本部派遣土井市之進上校為總指揮官。川島浪速等人與第七王子憲奎組成反袁世凱的馬賊隊，盤踞遼陽東方的山地。在中國官兵全力應付他們時，川島浪速的同志──預備騎兵上尉青柳勝敏與巴布札布部隊會合。他們擬定了令人難以至信的計畫──翻越興安嶺以入侵「滿洲」、使複數部隊起義並趁亂攻破奉天省城，最後長驅直入北京，以建立涵蓋內蒙古、「滿洲」與北京的王國，並擁護溥儀為帝。川島浪速為此計畫，抵押了鴨綠江上游的伐木公司的利權，向大倉組（**編註：即日後日本著名建設公司「大成建設」的前身，戰前十五大財閥之一**）借了大筆資金做為軍事經費。

巴布札布部隊敗退

前一章描述了當袁世凱因護國戰爭而陷入困境，「滿洲」當時的奉天督軍段芝貴亦深受張作霖打擊。此舉使日本不得不重新思考對中策略。也就是說，比起讓巴布札布等形形色色的部隊於各地起義，單獨協助張作霖的效率還比較高。因此日本有了進一步協助張作霖，以推動「滿蒙獨立」的想法。在當地的奉天總領事矢田七太郎、對日本參謀本部多所批評的第十七師長本鄉房太郎等人，都曾如此建議日本外相石井菊次郎、參謀長田中義一。最後日本政府決定採取此對中策略，導致川島浪速等人的計畫只得再次擱置。

當張作霖企圖掌握東三省的實權，宗社黨重振清朝的想法就不可能實現。與宗社黨合作的伊達順之助（一八九二年至一九四八年）曾兩次暗殺張作霖但都沒有成功；巴布札布部隊與宗社黨的合作也不順利。一九一六年八月，張作霖部隊與巴布札布部隊激烈衝突（第二次鄭家屯事件）。雙方協議休兵，條件是巴布札布部隊必須在日本軍隊的監視下，於兩週內返回內蒙古。然而，張作霖部隊沒多久就破壞協議。巴布札布部隊接受日本軍隊的協助持續戰鬥與撤退，但巴布札布於內蒙古的入口林西城一役中戰死。

到了一九一七年，包括日本人等，巴布札布部隊仍有一百三十名士兵接受善耆金援。他們受善耆之命，三月進攻海拉爾、六月初於呼倫貝爾宣布獨立。由於俄羅斯、中國接連要求日本政府驅逐參與其中的日本人，因此日本外務省與參謀本部對人在旅順的善耆施壓，導致第二次「獨立」運動亦以失敗告終。其後，一九一九年五月上任的原敬（一八五六年至一九二一年）內閣於制定針對中國與中國東北政策的第一次東方會議決定協助張作霖，但也表示若張作霖對中央展露野心「則考慮停止協助」——也就是說，日本政府將根據張作霖的動向決定軍事、外交方面的對中策略。

日本政府曾嘗試培養張作霖為傀儡政權，這一點不可否認。然而日本政府反而被張作霖政權玩弄於股掌間。失敗後，關東軍部分性急的將校判斷張作霖已無利用價值，因此決定將張作霖炸死。由此可知，日本的對中策略早從此時就開始迷失方向。

三　日本人的「馬賊」體驗

《直到成為馬賊》

無論是日俄戰爭的邊見勇彥（協助馮德麟歸順的人物），還是兩次「滿蒙獨立」運動的薄益三、伊達順之助，都是知名的日本「馬賊」。然而除了渡邊龍策的著作（參考卷末「參考文獻」），與我在第二章提及的邊見勇彥的回憶錄，我為本書收集史料時沒有其他重大的發現。因此我將根據無名、虛構的內容寫下此節，而非回溯史實。

作者「覆面浪人」筆下的《直到成為馬賊》（卷末註❻）與一般的馬賊小說不同，內容引人入勝。自從我決定以「馬賊」為主題撰寫本書，只要在日本能取得，我幾乎漁獵了所有書名有「馬賊」的書籍。其中，我經常感嘆小說的內容果然以空想居多，無法視為史料。然而我在富山縣立圖書館閱讀《直到成為馬賊》時，卻覺得「這些一定是作者某種程度的親身體驗、見聞」。包括以下介紹的伐木權，就有可能是第二章提及的杜立山的「副業」，也有可能是川島浪速向大倉組借貸軍事經費的利權（參考前一節）。作者對百姓與馬賊、土匪的關係的觀察（參考本章第五節）也與現在各種研究大致相符。此書寓教於樂，因此我決定在此介紹部分內容，並穿插個人見解。

強奪木材

作者在書中自稱「野中壯介」，出生於日本鹿兒島縣，是地主家的次男。他年少時就夢想出國發展，而決定前往有機會赴英的香港。然而他缺乏人脈，遲遲沒有機會赴英。他曾捲入外國人的糾紛，亦曾偷渡失敗。最後友人介紹他前往「滿洲」從事伐木業，目前只知道經營者的姓氏為大久保。他是大陸浪人而與日本軍隊密切往來、與馬賊結義。中國人稱他「江大人」，在當地是有頭有臉的人物。

與大久保結義的馬賊們託大久保的福，坐享伐木與運輸的巨大利權。主角野中壯介抵達「滿洲」後沒多久，就受大久保之命前往渾江流域，跟著馬賊工作。他們以少許的金錢強奪伐木、運輸業者做成木筏的木材（或許各位還記得杜立山會向業者收取過路費，但不會對木材下手），然而野中壯介等人被迫以武器恐嚇業者。

那一帶從事伐木、運輸的朝鮮人也很多（根據書中出現的地名與情形，可推測為「間島」地區）。某日，野中壯介等人強奪木材失敗，因爭吵而射殺對方一個朝鮮人。他們遭駐屯的日本軍隊問訊，但在特別待遇、狡猾的說詞下得以脫身。他們強奪木材的消息傳開後，業者不再經過那一帶，使他們被迫轉移陣地。在那之後，他們曾因搞丟預定運給大久保的木材而與盜木者爭吵，在附近的僧人仲裁下才得以平息。他們為了防範盜木者來襲，而聽從僧人建議在寺廟中借宿一晚。盜木者半夜來襲時，被僧人擊退。結果他們決定先將之前收集的木材運給大久保。

之後，大久保又命令野中壯介於渾江的水源地（吉林省濛江縣）與球子河流域間的分水嶺重施故技。那一帶是「山東馬賊」（引述原文，我不太明白其代表的意義）有名的據點，對此感興趣的野中壯介決定前往當地。

當野中壯介抵達當地有力馬賊馬芝芳的伐木據點，立刻跟著其手下干大師傅視察當地。馬芝芳有一百二十至一百三十名手下，而他判斷「武器比例大概是長槍五成、俄式步槍三成、手槍一成、其他一成，幾乎沒有人持毛瑟槍或南部槍等較好的槍械」。（卷末註❼）馬芝芳的手下借宿在農家，且每天都會移動，絕對不會停留在一處。

有一次，干大師傅與四百名官兵激烈衝突，而官兵殺害了四名躲在小屋的負傷者，以示警告。為了復仇，干大師傅殺害了卅名內神通外鬼的勞工。野中壯介透過這些事件目睹馬賊以血洗血的慘狀，但他同時表示與官兵相比，馬賊的確較為親民（原因請參考本章第五節）。

干大師傅一行人啟程前往松花江流域時，野中壯介與馬芝芳的手下單字兒一同行動。之後單字兒連同九十八名新加入的成員，重新組織並打算往柳河縣方向移動，便向野中壯介告別。當時野中壯介表示自己也想前往，但得經過大頭目馬芝芳同意。期間，野中壯介收到徵兵檢查的通知，只得暫時返日。他以甲種合格通過徵兵檢查，並打算入營前都待在「滿洲」。他再次赴滿，與干大師傅一行人會合並聯同其他大頭目的手下，以逾八百人的規模進攻通化縣八道江。眾人與官兵正面衝突後分散至柳河縣等地。一九〇七年十一月卅日，野中壯介收到入營通知，並在返回日本後隔天入營。

野中壯介的回憶錄只寫到這裡，因此無從得知他之後的動向。然而他在（應該是）間島地區體驗的馬賊生活，其中許多細節可說是相當寫實。作者沒有因為個人喜好而加油添醋，只希望其見聞能流傳後世——我很欣賞這樣的態度。就內容來說，也不比中國書寫馬賊的見聞錄、回憶錄遜色。然而此書所謂的「馬賊」不是「馬賊」，應該是掌握伐木、運輸等利權的土豪。他們如土匪般從事非法活動，並藉此累積財富。此書描述的人數也稍嫌誇張，以不盡信為宜。

話雖如此，我之所以如此詳細介紹此書，是為了讓各位了解日本也有人曾與「馬賊」相處，並將其經歷如實反映於著作中。

至今我探討了遼河流域、遼東半島的馬賊，並提及蒙古的馬賊。不過如前述，根據宋教仁的說法，朝鮮邊界（間島）地區也有日本人所謂的「馬賊」——我將其分類為土豪、土匪。我一再強調，「馬賊」會出現是基於社會的重要需求。因此要了解「滿洲」社會的多元性，就得透過間島地區的土豪、土匪，加以探討。

四　「馬賊」、土匪的人物像

間島問題

「間島」在歷史上是指朝鮮與「滿洲」的邊界，以長白山（在朝鮮名為「白頭山」）為中心。對兩國而言，間島是聖地，也是勢力緩衝區。有些地方甚至禁止一般人居住（封禁）。間島現在占據吉林省的一角，絕大部分為延吉朝鮮族自治州。

然而十九世紀後半，朝鮮北部旱魃等地接連發生天災、飢荒。中國（清朝方面）亦因內憂外患，將防衛重點移至南方，而放寬封禁的限制。在那之後，朝鮮難民開始定居於此。一段時間後，中國難民亦於朝鮮難民定居處北方形成聚落。也就是說，間島近代才增加許多朝鮮人。一直到現在，此情形還是衍生了各種問題。

清朝最先察覺間島的戰略重要性。自從俄羅斯建設軍港海參威，距離海參威很近的間島就成了清朝重要的內陸軍事基地。為此，清朝命令在間島定居的朝鮮人離開。清朝與朝鮮進行了兩次邊界談判，兩次都沒有結論。結果兩國的難民在此定居，成了一種不成文的默契。

然而義和團運動後，停留在「滿洲」的俄羅斯軍隊亦插手間島問題，使情勢對朝鮮有利。只要俄羅斯認定間島是朝鮮的領土，即使自「滿洲」撤退，也不需要離開——因為間島是朝鮮的領土。間島地區長年禁止一般人居住，保留未經開墾的大自然。只要進入深山，就能取得原生林、野生人參等昂貴中藥、珍稀野生動物的毛皮甚至砂金等資源。東亞情勢變化、利權競爭爆發，光是放寬封禁限制而導致難民定居，問題就層出不窮。

一九〇二年，俄羅斯屈於日英同盟的壓力，同意完全撤離「滿洲」。然而朝鮮國王無視上述協定，仍同意俄羅斯於圖們江、鴨綠江流域伐木。這使日本想方設法排除俄羅斯在朝鮮的影響力，並成為日俄戰爭的原因之一。日俄戰爭後，日本企圖使朝鮮成為保護國而涉足間島。不滿此舉的朝鮮人前往間島反抗。間島不僅是朝鮮對俄羅斯、對清朝的戰略據點，亦為朝鮮人反抗的地盤，使日本大傷腦筋。

朝鮮人的反抗，一直持續到「滿洲國」時代。金正恩（一九八四年至今）的祖父金日成（一九一二年至一九九四年）年幼時就往返於朝鮮與間島，成年後於間島從事抗日運動。由此推測，金日成應諳華語。「傳說」金正恩的父親金正日（一九四二年至二〇一一年）出生在長白山（白頭山），因為那裡是朝鮮人的逃亡據點之一。就歷史來說，那裡可以說是朝鮮人的聖地。事實上，金正日應該是出生在沿海地區。當時抗日運動告一段落，而金日成受蘇聯軍隊庇護。金正日有俄羅斯名「尤里」，而身邊的人稱他「尤拉」。中國共產黨政權之所以協助朝鮮民主主義人民共和國，不只是基於雙方同為社會主義國家的情誼，也是因為金日成曾與中國人一同於滿洲抗日——就這層意義來說，間島問題絕非過去的邊界問題。

一九〇七年，日本與清朝談判，於龍井設置朝鮮「統監府間島派出所」，並依序於朝鮮人定居者較多的地區設置「分遣所」。據說甚至出動軍隊（至少清朝方面是）。清朝因強烈感受到軍事危機，而設置對抗日本的「派辦所」。當時恰巧宋教仁赴滿，亦是第二章第五節提及吳祿貞調查「間島」問題後寫成《延吉邊務報告書》的隔年。此外，宋教仁再次逃亡至日本時，亦出版《間島問題》一書，引起了慈禧太后的注意。清朝官民皆很關注「間島」問題，甚至上下一心主張「間島」是清朝的領土。

「金匪」韓家

被稱為「金匪」的韓家在「間島」地區的勢力十分龐大。渡邊龍策在《馬賊社會誌》（參考卷末「參考文獻」）中記載韓家是在自康熙年間即世居於此的仕紳。考慮到封禁的歷史，這或許太久遠了。不過韓家利用被流放的罪犯在長白山一帶採金，送至吉林、奉天兩省以謀取暴利——這一點應該符合史實。也因此，韓家以自衛隊保護採金作業與個人財富。

目前已知韓家的當家有三名，包括韓現琮（或效忠、憲宗，一八〇三年至一八八七年）、韓登舉（一八六一年至？年）與韓受泰（可能是一八三一年，卒年未定）。韓現琮人稱「韓邊外」；韓登舉是韓現琮的孫子，一手打造韓家的全盛時代且曾與宋教仁會面。韓登舉的叔叔韓受泰則是於日俄戰爭後成為當家。

根據《東北人物大辭典》，韓現琮原籍山東省登州府，隨著父親輾轉搬至遼寧省復縣、吉林省永吉縣木石河，以務農維生。他於同治年間（一八六二年至一八七四年）前往樺甸縣夾皮溝努力採金，就此成為土豪。除了採金，他還有人參、伐木等事業。據說光是採金，他就有逾一千名手下；自衛隊也有兩百名成員。根據矢萩富橘的《支那馬賊祕史》（參考卷末「參考文獻」），吉林當局因感覺受到韓家勢力的威脅而企圖招順韓家，包括要求韓現琮改名「效忠」、要求韓家納稅。或許是前述策略奏效，韓現琮於日俄戰爭時奉吉林將軍之命，讓孫子韓登舉等人上戰場、立戰功。

韓現琮的兒子韓受文身體孱弱，不是當家的料。因此長壽的韓現琮過世後，前述事業便由韓登舉承續。甲午戰爭時，廿三、四歲的韓登舉因率領五百名士兵與日本軍隊作戰而富有人望。義和團運動時，他亦號召了五百名士兵。儘管他有一個據點被燒毀，但他仍可說是英勇善戰。事後在俄羅斯軍隊與吉林將軍長順主導下，他與俄羅斯軍隊達成協議——他交出槍械兩百支，而俄羅斯軍隊賠償燒毀韓家據點的費用。據說當時負責談判的俄羅斯人稱他「小王子」。前述戰績使清朝對他多所肯定，而他也得以順利承續祖父的事業。

到了一九〇二年七月，韓家與俄羅斯合辦採金事業。俄羅斯成立辦公室，將在中國取得的砂金運往俄羅斯。或許是得到俄羅斯軍隊的強力支援，韓家的自衛隊有「護勇兵」之稱，分別駐屯於兩個本部、七個地區，坐擁六百名士兵與兩個彈藥庫，甚至還有兵營。居住於韓家土地者逾兩萬五千名；而韓家家產達數百萬元，每年的收入就有廿五萬元。韓登舉亦熱心辦學，除了韓家子弟的私塾，韓家前後成立了九間學校。儘管韓家向清朝納稅，但就像一個完全獨立的王國。

日俄戰爭爆發後，俄羅斯軍隊亦以韓家據點為基地，於附近召募土匪組織「花膀子隊」（遼河流域部分可參考第二章）。其中，韓登舉負責仲介土匪以獲得許多俄羅斯製武器，進一步擴張勢力。然而日本的「東亞義勇軍」進攻「間島」地區，破壞俄羅斯事務所與採金事業。此事使韓家於日俄戰爭後逐漸凋零。

韓家式微

革命家陳天華（編註：一八七五年至一九〇五年，同盟會成員，一九〇五年自殺，並希望透過自己的死警醒國人）一九〇五年親手結束自己短暫的一生前，於同盟會當年發行的刊物《民報》創刊號上，以〈論中國宜改創民主政體〉為題發表論文。他與當時一般的知識分子持相反意見，認為無知愚昧的大眾無法參與政治：（卷末註❽）

「中國經二十餘朝之獨夫民賊，閉塞其聰明，箝制其言論，靈根盡去，錮疾久成。是雖塊然七尺之軀乎，而其能力之弱，則與未成年者相差無幾。遽欲與他人之成年者，同享自由之福，其可得乎？其不可得乎？」並以韓登舉為例：

「盛京、吉林之間，有韓姓其人者，于其地有完全之自治權，舉日俄清不能干涉之，其實際無異一小獨立國。而韓亦一鄉氓也，未嘗讀書識字，其部下亦不聞受有文明教育者，而竟能為文明國民所不能為，謂非天然之美質，曷克臻是！」

其中，「舉日俄清不能干涉之」並非史實。就韓家成立的學校數量來看，「其部下亦不聞受有文明教育者」也值得商榷。簡單來說，陳天華認為至少要具備參加科舉的教養才能參與政治。儘管不清楚陳天華為何知道韓家，但韓家出現在探討革命的有力論文中且受到高度肯定一事耐人尋味。韓登舉與清朝、日本、俄羅斯三者維持微妙的權力平衡，才能鞏固自治勢力。

陳天華撰文稱頌韓登舉時，他年約四十四、五歲，而沒多久他就將當家的位子讓給叔叔韓受泰。前述的矢萩富橘曾與七十四歲的韓受泰見面，計算起來，他應為一八三一年出生。當地居民以「韓大人」尊稱他，就連知縣也敬他三分。（卷末註❾）不過據說他接手後，韓家事業版圖大幅縮小，只足以維持一家大小的生活。他的頭銜「樺甸縣江左一帶警察試辦員兼七區區官」，與義和團運動前馮德麟的頭銜「遼河屯三界總巡長」（第二章第三節）程度相當。然而不需要金主這一點顯示他的實力應在馮德麟之上。

事實上矢萩富橘提出希望能與他見面的請求時，他正在盤點帳冊，但他還是很快就答應了。據說矢萩富橘是他認識的第十三個日本人。據說矢萩富橘最後請他揮毫做為紀念，他「面對突如其來的要求，感到十分猶豫」。最後在書記（秘書）鼓勵下，他在名片上寫了一個「正」字交給矢萩富橘。儘管矢萩富橘覺得他是個缺乏涵養的大老粗，同時也認為「從他魁偉的體貌、精準的眼光，可以感覺到不可冒犯的氣魄」。（卷末註❿）

韓登舉承續韓家事業，算是祖傳孫的特例。他與俄羅斯密切合作，使韓家事業迅速擴大，但也因此而遭受日本攻擊。他之所以決定在那個歲數引退，將當家的位子讓給叔叔韓受泰，或許是為了消除韓家人心中的不滿。即使韓受泰老當益壯，但年邁的他還是難以帶領韓家突破日俄戰爭後的困境。自此之後，韓家就在史料上消失了。

與張作霖的活動範圍遼河西岸相比，無論是前一節說明的野中壯介結識的土匪，或本節介紹的像韓家這樣的土豪，都擁有許多自然資源。他們得以自然資源累積巨富，也因此缺乏冒險進取的精神而不思突破。即使官吏取締、外國軍隊進駐，只要拿出巨富的九牛一毛接待、納稅（或賄賂），就能解決問題。尤其是像韓家這樣，勢力形同獨立王國的土豪更是如此。張作霖與韓家的差異十分明顯——張作霖若不接近權力中樞，就會很危險；相反的，權力中樞會因忌憚韓家而主動靠攏。然而重俄輕日的韓家最終式微，而張作霖卻青史留名。能否以長遠的眼光正確解讀以「滿洲」為舞台的國際情勢，及與其息息相關的國內政局，是張作霖與韓家最大的分歧點。

民國時期的「馬賊」、土匪

本書以張作霖的人生為主軸，曾提及清末張作霖討伐或招順的馬賊、土匪，而沒有機會探討民國時期（一九一二年至一九三一年）的「馬賊」與土匪。容我在此根據田志和與高樂才的《關東馬賊》（參考卷末「參考文獻」）、《馬賊社會誌》，記錄「滿洲國」與民國時期的馬賊與土匪。前一章我談到民國時期前半，張作霖政權於「滿洲」的形成與發展。根據田志和等人的說法，此時「滿洲」的土匪的結構與活動範圍，與清朝時有許多不同。（卷末註⓫）

❶各土匪組織的規模與人數日益成長。除了土匪組織逾一千四百、土匪人數增加至七萬左右，土匪組織內部的結構與指揮系統更為嚴密。不只是內部的向心力提升，土匪組織合併的情形亦很常見，因此出現了許多知名的頭目與強大的組織。包括四平街東部的「全勝」逾六百人、昌圖縣西部的「老三省」達兩千人、通遼縣西部的「天下好」達二千六百人、遼中縣的「老北風」達一千四百人、

法庫縣的「東天樂」達一千三百人、營口縣北部的「三勝」達兩千人等，不過大多數土匪組織的規模都只在一百人左右。

❷土匪組織興盛的地區移至黑龍江省與吉林省東部（清末的討伐促使馬賊、土匪難以於遼河流域、遼東半島活動，而鐵路建設亦使人口往朝鮮邊界北移）。

❸土匪成員中，不怕死的人越來越多，甚至成為主力。包括賭徒、鴉片成癮者、逃兵、賤民、流氓、無賴、犯罪者等，從事搶奪、擄掠、強徵等非法活動。

❹士兵與土匪變得難以區分。尤其是一九一九年前，屬於張作霖政權（原文為「奉系軍閥」）的形成期，因此為擴充兵力而吸收了許多武裝土匪。也就是說，土匪搖身一變成了士兵。一九一九年至一九二八年，奉系軍閥參與軍閥混戰，導致內部各勢力陸續出現不合、叛變的情形，使士兵淪為土匪。

前述研究顯示令人意外的結果——張作霖政權時期有許多土匪十分活躍。但如❸所示，像張作霖那樣抱持政治野心而投身土匪、馬賊的人減少了；而由❹可知土匪、馬賊逐漸成為軍隊手中的棋子。

關於❷，根據渡邊龍策的研究——據說吉林省北部至黑龍江省（所謂「北滿」）的土匪與鴉片的栽培與製造密切相關，或自己經手、或受雇為自衛隊。（卷末註⓬）當時吉林省、黑龍江省的農業生產力遠比奉天省低，籌措軍事經費不易。鴉片事業成了軍隊的主要資金來源，也因此土匪遲遲無法絕跡。當時「北滿」的大頭目有：

❶**靠山**。手下一千五百人。還有數十名氣味相投的小頭目，手下總數達一萬人。一九二三年遭槍殺，手下分別歸於第二代靠山、邦山、扶山三頭目。

❷**滿天飛**。於靠山的組織式微後嶄露頭角，坐擁手下一千二百人、小槍五百枝。活動範圍為中蘇邊界與「間島」一帶。

❸**馬走**。自滿天飛分家。坐擁部下三百名、小槍三百枝。

❹**四海**。自滿天飛分家。（卷末註⓭）

一九二二年七月，張作霖政權於第一次直奉戰爭戰敗，進入「保境安民」時期。

當時張作霖發出命令：「停止一切土匪的招順工作」「往後各地若以招順為名召募士兵，應立即逮捕、問罪。不從者遂以討伐。」本身是歸順「馬賊」的張作霖，為何發出這樣的命令？乍看之下或許難以理解，但田志和等人的分析如下——

❶ 軍隊吸收的土匪的戰力不一、素質低落，對奉系軍閥的名聲與影響力不利。

❷ 為了避免地方派系或內部勢力趁機坐大。由於歸順的土匪遠比召募的遊民機靈，又能節省軍事經費（土匪擁槍且組織完整），因此各旅長都視招順土匪為充實兵力甚至加官進祿的條件。張作霖根據他的從政經驗，對歸順土匪採取防備的態度，並於一九二七年發出禁止招順土匪的命令。（卷末註⑭）

事實上，張作霖不樂見其他歸順馬賊立戰功、獻計謀。也就是說，他不需要第二個、第三個張作霖。他必須將「滿洲」的武力全部納入麾下。對他而言，消除當初使他出人頭地的原因，是避免「養老鼠咬布袋」的上上之策。這使得抱持政治野心的「馬賊」消失，而奉系軍閥亦趨於穩定。

「滿洲國」時期的土匪

張作霖父子把持地方政權的時代結束，進入由日本實質統治的「滿洲國」時代（一九三二年至一九四五年），土匪再次回到政治的舞台。抗日勢力與關東軍都有求於他們。

「東北抗日義勇軍」是九一八事變爆發後各地抗日組織的總稱，但是否有統一的指揮系統無從得知。包括馬占山（一八八五年至一九五〇年，他亦曾投身土匪）等前東北軍官兵（卷末註⑮）、警界人士、舊政權人士，北平大學（現北京大學）、東北大學與東北各地中學以上的學生，加上東北各地的秘密結社。根據田志和等人的計算，土匪人數大約占東北抗日義勇軍的兩成。（卷末註⑯）

一九三一年十月十日，土匪同意組成「東北國民救國軍」，並推舉高鵬振（土匪名為高老梯子）擔任司令官。當時逾兩千人志願加入東北國民救國軍，形成四團的編制。高鵬振就帶領這支對伍，抗抵侵略遼河西岸一帶的關東軍。很快地，東北國民救國軍成為東北抗日義勇軍第四路軍，為第一旅。之後東北國民救國軍與各地勢力共同奮戰，於新民縣城、彰武縣城等地收成戰果，並轉戰「滿洲」北部、內蒙古，熱河省東部等地。

事實上在一九三一年十月十一日，甫引發九一八事變的關東軍（前述東北國民救國軍成立隔天）便以日幣一萬圓教唆凌印卿成立「東北民眾自衛軍」、提供武器，統整遼河西岸一帶的歸順土匪，以攻擊東北抗日義勇軍。老北風（本名張海天，一八八〇年至一九三九年）、天龍、中華、寶山、青山、得好等頭目皆加入東北民眾自衛軍，擔任旅長、團長等職務。但之後他們透過奉張學良之命擔任東北抗日義勇軍第二路軍司令官的黃顯聲，得知這只是關東軍利用他們的陰謀，立刻逮捕並槍殺凌印卿、日本顧問倉岡繁太郎等十六人。在那之後他們率領部隊加入東北抗日義勇軍第二路軍，一開始只有三千人，後來擴大至五千人。老北風活躍至一九三三年罹患重病，被送至關內於北平住院。據說他住院時，張學良曾親自前往探病，並給予經濟方面的協助，但他仍因病於一九三九年過世。（卷末註⑰）

儘管高鵬振的東北國民救國軍、老北風的前東北民眾自衛軍陸續加入東北抗日義勇軍第四路軍、第二路軍，但民國時期的土匪三勝（本名吳寶豐）一躍成為東北抗日義勇軍的司令官。他自一九三一年底開始抗日，活躍於遼陽與遼中一帶，隊伍擴大至三千人。一九三二年春季，他受東北百姓抗日救國會之命，任東北抗日義勇軍第八路軍司令官，進攻遼陽站、台安縣（過去張作霖的地盤八角台所在地）。一九三二年六月，三勝得知投降能獲得武器、彈藥，而佯裝歸順「滿洲國」政府。不過很快地，三勝的算盤就被識破。一九三三年春季，他於奉天遭日本軍隊殺害。（卷末註⑱）

古田傳一的回憶錄詳細記載了三勝的歸順。（卷末註⑲）為了與那些張作霖招順後殺害的馬賊相比，容我在此說明。

根據古田傳一的說法，三勝於郭松齡事件（一九二五年）爆發時投身土匪，地盤為遼陽縣南部。有一次，鞍山近郊的村長被其他土匪挾持，他救出村長並以引渡村長為條件，歸順「滿洲國」政府。理由是「滿洲國」建國後，他再也無法以土匪維生，打算讓手下返鄉務農。

在鞍山製鐵所工作的古田傳一聞言，委託三勝救出被土匪挾持的滿鐵遼陽機關區長。當時三勝表示挾持區長者與挾持村長者相同，順利完成任務。之後古田傳一便協助三勝向關東軍交涉歸順事宜。古田傳一記錄一九三二年十一月中旬「滿洲國」政府允諾三勝歸順，並於下旬舉辦歸順儀式——這與田志和等人的研究有所出入。三勝有四千兩百名手下，因此決定舉辦七次歸順儀式——每次歸順儀式相隔一天，並讓六百名手下參與。當時三勝在關東軍要求下，以兩百名手下組織「民眾自衛團」。十二月下旬，民眾自衛團與關東軍鞍山守備隊一同討伐抗日勢力，並擔任先鋒。

然而隔年正月，古田傳一透過三勝的父親得知，三勝在鞍山守備隊的命令下，被送進鞍山醫院。二月廿八日，三勝被押送至奉天，連同三名小頭目被處死。處死原因不明，而參與回憶錄編輯的久留島秀三郎補充說明——此事導致土匪不再信賴關東軍、「滿洲國」政府，使治安再次陷入混亂。

由此可知，當時「滿洲」的日本人與土匪有很深的淵源。根據田志和等人的研究，三勝利用了古田傳一的善意，但看不出古田傳一對三勝有絲毫的懷疑。古田傳一反而很感謝三勝救出人質，對三勝的死感到惋惜。相較之下，一如張作霖遭炸死的情形，感覺關東軍衝動行事。如此一來，即使關東軍組織「東北民眾自衛軍」、「百姓自衛團」，也不可能使土匪完全服從、合作——這或許是久留島秀三郎感嘆的原因吧。

曾淪為「馬賊」人質的日本人

相信各位已經知道日本人對於「馬賊」的認識，不是只有具政治野心的「馬賊」。前文提及的久留島秀三郎，亦與救出被土匪挾持的竹歲茂雄有關。請容我以各回憶錄為基礎，介紹兩人的經歷。（卷末註⑳）

一九三二年事件當時，久留島秀三郎於鞍山鐵礦振興公司工作，負責管理礦山（亦即之後提及的竹歲茂雄的主管）。該公司於一九〇八年創立，由滿鐵（日方）出資、活躍於張作霖政權的文治派官吏于沖漢等人（中方）經營。該公司的礦山與宿舍位於大孤山，日籍員工與其眷屬都住在那裡。某天晚上，約五十名土匪闖入宿舍，挾持了竹歲茂雄等三人。

當時土匪組織命令諳華語的竹歲茂雄，寫信給鞍山官府——要求搜索人質的日本軍隊、警隊與「滿洲國」的士兵撤退。那封信最後送至久留島秀三郎的手裡，而他們花了廿五天，在一片槍林彈雨中救出竹歲茂雄等三人。期間竹歲茂雄等三人被挾持至許多地方，而他在回憶錄裡寫下當時的過程。畢竟是親身經歷，該回憶錄忠實反映了一九三〇年代的時局與土匪社會的現象，可以說是具參考價值的史料。（卷末註㉑）

根據竹歲茂雄觀察，「感覺像是隊長的人都會在左手掛上臂章。（中略）臂章寫著『抗日救國仁義第一軍』，絕對不會自稱馬賊或土匪。最奇怪的是，他們還是有頭目，但手下就使用總砲長、第一隊長等職稱。且他們稱呼彼此時會以綽號取代姓名。」

顯然他們自稱「抗日救國仁義第一軍」是在模仿「東北抗日義勇軍」，而根據竹歲茂雄的回憶錄，即使他們只從事非法行為，或許還是以此名稱佯裝「義賊」。不過就他們遭官兵追捕一點來看，此名稱反而更引人注目。因此我（稍微大膽）推測他們曾加入義勇軍，卻因敗走而同類相聚、重操舊業。至少他們應該曾為官兵，才會形成類似軍隊的組織。如此一來，雖說是同類相聚，他們還是知道彼此的來頭。

他們四處逃匿，每次落腳都在當地招募勞工，讓勞工打雜。據說當時勞工的平均日薪是卅錢，但他們是以五十錢招募。我不清楚他們是否真的會支付，但他們確實是招募勞工而非綁架百姓。由此可知百姓與土匪的共生關係。

途中，他們曾因遇雨而借宿寺廟。本章第三節曾提及野中壯介的「馬賊」經歷，而寺廟可說是土匪的聖地——只要進了寺廟，就不能襲擊他人，同時也不會遭受他人襲擊。但土匪會禁止同樣遇雨而借宿寺廟的鄰近居民回家，直到土匪離開。

此土匪組織每天會派四名密探，收集周邊情報。雖說他們會參考周邊情報討論出應該是最好的方向，但他們會依賴占卜決策。除了之後將提及野中壯介的回憶錄記載了大規模的土匪組織有專屬的占卜師（**八門先生**），其他研究也有同樣的說法。不過這個土匪組織沒有專屬的占卜師，但有一本占卜書。若占卜的結果與討論出的方向不同，他們就會調查第二順位的方向，之後再移動。（**卷末註㉒**）

逃匿時，竹歲茂雄曾有機會與頭目——「綠林好」交談。他覺得頭目十分面熟，便問及頭目的過去。才知道頭目在五年前（**一九二七年**）至兩年四個月前（**一九**

二九年）這段時間在大孤山的礦山工作，且算是組長，率領著五十名礦工。之後，頭目前往哈爾濱做了兩年巡警（一九三一年），再到北京擔任公職（一九三二年；不過我認為哈爾濱後的經歷與「綠林好」的生活範圍、形態相差甚遠。回憶錄沒有說明他為何去哈爾濱，又如何成為巡警，而他在北京擔任的公職也不清楚。此外，年分也有些出入。若我的推測正確，這一段應該是他敷衍竹歲茂雄的說詞。也可能是竹歲茂雄聽錯或記錯）。

九一八事變（原文是「奉天事變」）時，回到奉天的「綠林好」才投身馬賊。他坦承挾持竹歲茂雄等三人是因為鞍山鐵礦振興公司的職員的薪資優渥、工作特別，因此他判斷公司支付贖金的可能性較高。（卷末註㉓）最後，竹歲茂雄等三人被救出，而除了頭目，約十名土匪遭射殺。同時也有三名日本軍警犧牲。

或許頭目的故事有誇張、虛構的成分，但令人印象深刻的是——即使從事「正派」工作，也有可能因故而淪為土匪。張作霖等人的「保險隊」就是為了讓「正派」但貧窮的人們除了淪為土匪，還有另一條路可走。我認為，這可以說是地方社會的智慧結晶。然而，張作霖政權時期禁止「馬賊」、土匪歸順的命令，投身這些組織的人們再也無法出人頭地。就結果來說，可能大大地奪走了他們的希望。從這個角度來看，就會覺得「綠林好」此綽號多麼不合時宜、滑稽且悲哀。

「綠林」是馬賊、土匪的古稱與美稱。查閱舊時的人名辭典，張作霖的條目也經常出現「出身綠林」的文字。身為「義賊」，他們也喜歡以「綠林」自居。此外，「好」應該是「好漢」的簡稱，意指豪傑。然而縱使他們有多少雄心壯志，還是難以謀生。為金錢所逼而綁架日本人企圖大賺一筆，可見他們氣數已盡——這也是弱小土匪組織的悲哀。

四、五年後（約一九三六年、一九三七年）鞍山警察署通知久留島秀三郎、竹歲茂雄前去指認「綠林好」。他在槍戰中失去絕大多數的手下而獨自逃亡，四，五年後才被警察逮捕。經兩人指認，被逮捕的確實是他。回憶錄沒有提及他的下場，但他綁架日本人、害三名日本軍警於救出人質時殉職，罪大惡極，想必應該是被處死了。

五　土匪的基礎

人們為何投身「土匪」

前一節介紹的「綠林好」是一九三〇年代的弱小土匪，但他還是模仿軍隊的組織並佯裝「義賊」。我將以前述野中壯介（覆面浪人）的回憶錄後半部為基礎（卷末註㉔），探討清末的（大型）土匪組織，包括人們為何投身土匪、投身土匪前的職業，以及是什麼支持人們做出以及持續這樣的選擇。

土匪除了頭目（當家）、副頭目，還有以下職務（〈〉為補充說明）。

❶ **頭前人、崩頭：**十至十四小組的小組長，以「家口」稱呼一般的手下。頭前人聽從頭目、副頭目的命令指揮小組。

❷ **糧台：**料理負責人，向民眾索討糧食也是工作之一〈竹歲茂雄在回憶錄裡提及

「總砲長」＝主廚，應與此相同〉。

❸ 八門先生：占卜師。占卜頭目的問題〈比如說前一節曾提及，土匪會以占卜決定移動方向〉。

❹ 軍需：會計負責人。管理金錢收支、武器彈藥使用與衣物供給。

❺ 水餉：哨兵，負責監視。

❻ 砲〈或包〉頭：行軍、攻擊時負責於第一線指揮、指引。

❼ 醫生：負責治療傷者，但若是內科，只會使用鴉片。

❽ 放線：密探，極少與其他成員一起行動。

❾ 拉線：嚮導。每到一處就會換人，甚至有可能挾持當地居民擔任。

❿ 票房子頭：負責監視人質〈張作霖投身土匪時的第一份工作〉。

⓫ 稽查：負責取締內神通外鬼、逃亡、私吞掠奪品的人。由頭目不定期指派，其他成員不知道由誰擔任。

以上的編制最一目瞭然，且與其他回憶錄、研究書籍大同小異。根據野中壯介的說法，每個職務的掠奪品分配比例不同。假設頭目為十，則副頭目為五至六、砲頭與水餉為三、糧台為二・五、頭前人為一・五至二，至於一般家口為一、新進「家口」為〇・六至〇・八。其中，料理負責人的地位比小組長高，這一點耐人尋味。可見「養『家』活『口』」是多麼重要。此外，前述為持有槍枝者的比例。若槍枝得向其他人商借，必須依慣例將分配到的四成交給槍枝的主人。

本書多次提及什麼樣的人會投身土匪、「馬賊」，野中壯介將他們具體分為八類。然而他只有接觸過「間島」地區（「東滿」）的土匪，在伐木業不興盛的地區應該沒有❶吧。

❶伐木者（木把）
❷士兵
❸對官吏抱持反抗心者
❹犯下殺人等重罪而逃亡者
❺貧民
❻厭世者
❼想賺錢者
❽無法忍受官吏壓迫者

換句話說，他們是**地方社會無法完全容納但必須設法共存的人**。就近代的意義來說，上述非農業人口在司法、社會福利沒有發揮作用的大環境裡，需要一個為了謀生而同類相聚，近似命運共同體的組織。況且，不是誰都可以加入大型土匪組織。野中壯介在「滿洲」時曾詢問綽號為「單字兒」的土匪，發現加入土匪組織「第一，你得身強體健、渾身是膽。第二，你得機靈聰敏、能言善道。第三，你的年紀得介於廿四、五至卅歲」，最後得通過「站在樹木前，讓擅長射擊的前輩對著自己開槍。即使前輩瞄準的地方距離自己的頭頂很近，也不能閃躲甚至眨眼」這樣的考驗。

沒有過人的體力無法承受嚴峻的土匪生活，而為了不影響組織行動，必須確保溝通無礙。因此近卅歲而兼具適應力與柔軟性的青年的確比較適合。至於最後的考驗，簡直就像是威廉・泰爾的傳說。不過透過加入秘密結社的儀式，可以觀察志願者在遇到生命危險時是否能夠冷靜面對、是否真的具備成為土匪的覺悟。

「義俠」亦具備的心性

話說這樣同類相聚的人們不一定會投身土匪，也有可能加入具有相同功能的宗教結社、秘密結社。這些團體除了貧困階級，還有平時從事「正派」職業（包括地方大小官吏）的人。然而當成員間相互扶持的精神過於旺盛，或嫉惡如仇的情緒達到頂峰，就有可能引發內亂。站在官吏的角度，土匪可能比宗教結社、秘密結社容易理解，但土匪也會為了提升向心力而依賴某種儀式、信仰（雖說占卜比較接近迷信）以及使土匪正當化的理論（大多是傳說）——這是土匪與結社的共通點。野中壯介曾根據自己的見聞，分析為何百姓害怕卻又親近土匪，卻對官兵退避三舍。（卷末註㉕）

❶ 官兵明明應該大公無私地保護人民卻反過來壓迫人民，招致百姓反感。相對於此，百姓認為土匪生性粗暴、殘忍，且掠奪對土匪來說理所當然。因此百姓會特別感謝那些嘉言善行、出人意料的土匪。

❷官兵總是白吃白喝，即使百姓想方設法藏匿物資，官兵還是怙惡不改。相反的，土匪或許不會支付索討糧食的費用，但會以茶費等名目補償百姓。

❸官兵也不是隨時都在討伐土匪，百姓甚至認定官兵拿某些大型土匪組織一點辦法也沒有。百姓與土匪接觸的機會比與官兵接觸的機會多，雙方的情誼自然比較深厚。加上百姓也會擔心若惹土匪不高興，不知道何時會受到傷害。

❹官兵總是擅自帶走貴重物品，但土匪會以高價買入且經常外加手續費。

❺官兵會為了土匪的行蹤拷問無辜百姓，或指控被迫報路但認錯方向的百姓是土匪的密探而將其毆傷。反觀土匪，則是會獎賞通風報信讓土匪掌握官兵動靜的百姓。

官兵非常殘酷，但重視聲譽的大土匪不僅會救急，可能還會救窮——這些畢竟是自己人「單字兒」的說詞，加上野中壯介的美言，當然不可能全部都是事實。不過可以看出野中壯介想讓更多人知道土匪希望能與社會共存，甚至將此視為心靈支柱。日本的黑社會也講究所謂「義俠」倫理，會照顧一般百姓，尤其是弱勢族群。由此推測，「單字兒」的說詞也不全然虛假。

「義賊」傳說

從前一節介紹的「綠林好」可以看出，他們佯裝「義賊」能有效維持組織內部的秩序。還有其他故事可以證明這一點。在此我將介紹一個為何「滿洲」稱土匪為「胡子」、「鬍子」的傳說之一。（卷末註㉖）根據這個傳說，「鬍子」一詞的起源更早，而「胡子」是取同音且易書寫而來。

從前有個人家有十八個兄弟，家境十分困苦。因此母親對他們說：

「你們都離家自力更生去吧。一年後再回來找媽媽，媽媽想看看你們學了什麼道理、技藝。」

幾個兄弟在四處見到「這世上窮人多、富人少」「富人滿足口腹之欲時，窮人只能餓肚子」的事實。他們回家後，對母親這麼說——

兒子：「媽媽，天下太不公平了！」
母親：「為什麼這麼說呢？」
兒子：「因為富人太富有，窮人太貧窮了。」
母親：「那麼你們想怎麼做？」
兒子：「世上什麼工作都有，就是沒有殺富濟貧的工作！」
母親：「一旦你們殺人，我就萬萬不能認你們是我的兒子了。」
兒子：「我們會在臉上畫鬍鬚。這樣一來，沒有人會知道我們是誰。」
他們仔細喬裝後殺富濟貧，而世人稱他們為「鬍子」──這十八個兄弟就是後來的十八羅漢。

「羅漢」意為上座部佛教修行的極果或達到該境界的人，是梵語「arhan」（接受尊敬、供養者）的音譯「阿羅漢」的簡稱。傳說羅漢原本有十六名（卷末註27），為護持正法而常住於世。事實上羅漢廣為人知，日本的禪寺也會有羅漢的石像。儘管他們都是追隨釋迦的佛弟子，但不是兄弟。或許他們曾是惡人，但他們的修行高深而受人讚揚為聖者、尊者。我對宗教學、佛教史、民俗學一竅不通，無法從這些面向分析。不過我想傳說有可能是以「兄弟」比喻他們的精神層面相通。

此外上座部佛教講究個人修行，因此與解救世人的苦難有一段距離。不過我可以理解百姓向聖者、尊者祈求而編撰傳說的心情。而身為「義賊」的土匪需要棲身之處，而進一步將羅漢視為開山祖師。此傳說受到重視血緣關係——尤其是孝道——的儒教思想影響（不過父親沒有出現，這一點耐人尋味）；而喬裝變身一點應是受到中國民間戲劇的啟發。此傳說使土匪間盛行羅漢信仰，但融合了儒教思想等元素，不能按字面說是佛教信仰。

一如前文所述，土匪生活十分嚴峻。無論是走投無路，或懷抱致富、升官野心而毅然決然投身土匪，都可能無法忍受自己的所作所為。他們生而為人，不難想像他們也希望依賴什麼、信仰什麼。這或許與秘密結社、宗教結社有所交集，而是未來的研究課題。

終章 現代日本的視角

「滿洲」——
日本與中國、俄羅斯，
甚至台灣關係轉折的起點？

一　「馬賊」究竟是什麼？

重新定義「馬賊」

歷史學主要是研究史料的學問，此事毋需贅言。然而史料不會完整，如何詮釋往往取決於記錄者或保存者的主觀意識，甚至很有可能因戰爭意外而消失。此外，過於平常或過於機密的史料，通常也不會保存下來。因此即使是近代史，企圖深入研究某個領域時，還是有可能受到前述限制而只得作罷。

即使如此，近代後的史料仍比近代前來得龐大，不可能出現「缺乏史料而無法書寫」的問題。然而能建構共識基礎的基本史料卻意外的少。發掘與確認新史料都更加需要費心。

經過重重難關取得的史料，接下來又得任由歷史學家解釋。歷史學家也是時代的產物，無論有意或是無意，都會企圖回應當代、社會的需求。尤其是近現代史，因時間較近，歷史學家的解釋容易參雜現在的價值觀。然而即使近代、現代距離現在的時間較近，人類的觀念也不會完全一樣。

我在研究中國近代史的過程中，一直認為史料與記述面臨著前述的兩難。我體悟到探討一件事物，必須盡可能接近該事物的起源地。同時捨棄先入為主的偏見，讓自己進入「空白」的狀態。在那之前，必須選擇能符合前述條件的研究主題。以本書為例，我沒有去過戰前的「滿洲」，一開始閱讀當時的史料可能有些一知半解。不過也因為沒有思鄉情懷，而能維持冷靜。同樣的，我也過了閱讀馬賊小說會覺得心生嚮往的年紀，對「馬賊」也沒有特殊情感。這或許是中生代的我選擇這個研究主題的原因之一。研究主題一旦成為自己的人生經驗的一部分，過程一定會非常困難。

話雖如此，身為日本人的我研究「滿洲」、「馬賊」時，仍時常留意中日兩國的淵源。尤其是「日本為何建立『滿洲國』，甚至不惜向中國全面宣戰？」這個問題不曾離開我的腦海。不只是過去，我對未來也有一個提問：「中日兩國若要維持良好的關係，的確必須了解彼此的歷史。然而我們應該對中日關係有什麼樣的展望？」本章將回顧前文，試答上述問題。

首先，本書認為許多誤解皆起因於日本所謂的「馬賊」包括土匪，因此讓兩者有所區別。「馬賊」不是單純的土匪，而是「保險隊」——在「保險區」收取「保險費」的武裝自衛組織。「馬賊」活躍於容易取得馬匹的遼河西岸，至現在的內蒙古自治區一帶。他們在社會裡並非孤立的組織，領袖與名門望族甚至官吏密切往來，而成員（土匪的成員亦然）在淡季時會從事其他工作。對名門望族、官吏而言，他們雖然是在勢力範圍外從事非法活動的「惡」，也是在公權力不張的社會裡維持治安所需的「惡」。

名門望族之所以積極培養馬賊，是因為治安受義和團事件、日俄戰爭影響而惡化。吸收沒有（無法）從事農業者，填飽他們的肚子，讓他們對社會有些貢獻。

官吏之所以獎勵「保險隊」歸順，與名門望族培養「保險隊」的原因大致相同。值得留意的是，官吏的想法比名門望族還要實際。馬賊歸順，等於不費吹灰之力為軍隊吸收了一批勇猛的土匪，正中官吏下懷。另一方面，馬賊歸順後也得自保。張作霖的「保險隊」對歸順一事十分謹慎，歸順後作戰時也盡可能避免正面衝突，致力於維持與擴大武力。他們甚至經營副業、虛列預算以確保經費來源。保證社會底層的百姓「能活」，也是軍隊很重要的作用——張作霖深諳此事且善於用兵，才能運籌帷幄而稱霸一方。

日俄戰爭時，日俄兩軍也利用了「馬賊」亦即「保險隊」這樣的特徵。因日俄兩軍肯定了「保險隊」的存在價值，使「保險隊」更加為人所知，尤其是日本軍隊與「大陸浪人」。[1]之後日本集結當地的馬賊（包括土匪）號召兩次「滿蒙獨立」運動，這些使日本人認為「馬賊」與「滿洲」密不可分。另一方面，有些馬賊、土匪在宋教仁策動下參加了革命運動，但缺乏向心力。因此「滿洲」未成立革命政權。馬賊出身的張作霖因清末重新編制軍隊而崛起，無論地位、勢力皆更上一層樓，但國民革命軍無法保證他的地位、勢力不受影響——一般認為這是他未加入國民革命軍的原因。

進入民國時期後，張作霖企圖擺脫「馬賊」的特質——以私兵的主從關係為基礎而彼此放任。他沒有取代清末新政各項制度、改革的計畫，而重用熟悉清末新

1 日本明治初期至第二次世界大戰結束，遊歷並整治中國大陸、歐亞大陸、西伯利亞、東南亞等地的日本人。

政的文治派官吏王永江，於警察制度、財政、鐵路鋪設、教育等各方面成果豐碩。起初張作霖勢力中握有警察權的湯玉麟對王文江頗有微詞，然而張作霖支持王永江。這才使張作霖勢力擺脫「馬賊」特質，逐漸成為標榜秩序與穩定的「滿洲」政權。

當時的官吏往往抓著特權不放，但王永江以堅強的意志推動在許多層面都很困難的改革，實屬難得。可以想見他將改革視為己任，堪稱「官吏典範」。當然他能如此無後顧之憂，應該是因為張作霖願意承擔所有責任吧。

王永江認為張作霖勢力不應該介入混亂的北京政局，應該在「滿洲」自重並持續改革，待基礎穩固、混亂平息後再出面（「保境安民」論），但張作霖主張為追求正統性應參與國政，提供軍隊「工作」，亦即戰場。兩人因此時常對立。即使張作霖全力支持並尊敬王永江，這一點卻不肯退讓。一九二四年的第二次直奉戰爭象徵張作霖離開「滿洲」參與國政，然而代價甚鉅，甚至引發隔年的郭松齡事件。

不能否認日本是張作霖政權最重要的外交對象，張作霖政權也的確為了在參與國政時減輕負擔，而不得不在一九二四年後——尤其是一九二七年後——接受日本的資金、武器甚至兵力。儘管日本企圖讓張作霖成為日本的傀儡，以確保日本在「滿洲」的利益，張作霖卻堅決不從。張作霖政權在張作霖與王永江密切而緊張的關係下得以維持，而張作霖的武斷政策並非總是一帆風順。一九二四年後，因張作霖考慮與孫文＝國民黨勢力合作，國民黨勢力得以於奉天省議會發言。同時，張作霖也不能忽視國民黨勢力的反日情感。

日本原本認定張作霖「好操控」，殊不知張作霖政權確實一步一步地走在近代化的路上。正因為如此，即使關東軍一九二八年將張作霖炸死，張作霖的政權、王永江的改革還是能順利由張學良承續。

嚴酷「滿洲」的寵兒

「馬賊」是一種武裝自衛組織，為了使可能（或已經）與社會脫節的人與「滿洲」地區的社會共存而設計。因此參加、組織與「培養」馬賊的人，皆有其特定的社會地位。由於擁有軍隊的編制、名門望族的推薦，歸順亦非難事。「馬賊」是「滿洲」地區理所當然的一部分，其正式名稱為「保險隊」。

清末的「滿洲」由武裝自衛組織割據，但隨著奉天軍＝張作霖政權獲得「滿洲」（說「全中國」亦無妨）屈指可數的軍力，「滿洲」逐漸不再需要「馬賊」。許多人企圖沿著張作霖走過的路，從社會底層往上爬，但在張作霖政權控制下無法如願。因此在張作霖政權期間，未再出現如張作霖般知名的「馬賊」＝「保險隊」。

「馬賊」可說是出現在一定社會條件——近代「滿洲」的地方行政、治安機能麻痺——下的時代寵兒。只要在巨大動亂時集結土匪、退役兵，就有可能出現類似的組織。九一八事變後至「滿洲國」建立期間一片混亂，因抗日而集結的土匪軍隊，儘管金主、活動區域與政治意義不同，但就「**自地方行政、治安機能麻痺的環境拯救社會底層的百姓**」一點而言，不就是重生的「馬賊」嗎？

一般人在介紹「張作霖出身『馬賊』」時，語氣多少都有一些輕蔑。然而「馬賊」與單純的土匪不同。張作霖為了出人頭地而選擇這條路，並如願歸順軍隊。日後更以此處世，即使身陷辛亥革命亦能站穩腳步而不迷失自我。

就過往的革命史觀來看，暗殺革命家是一種反動表現。然而即使是在那個時代，也不是所有人都投入革命，將個人的道德判斷帶入歷史學也無濟於事。此外他有鑑於自己在民國時期的地位，迅速決定擺脫「馬賊」的特質——這也證明了他是一位真知灼見的卓越政治家。

他身處社會頂層，不再需要「馬賊」這個身分。換言之，他已從放任部屬於勢力範圍外恣意妄為的領袖，進化為足以對全中國發號施令的政治家。他的馬賊生涯就此結束。

「馬賊」發光發熱的時間很短。日本人對馬賊的認識僅限於大陸浪人與謀略馬賊的活躍，因此心生嚮往。從中國近代史與「滿洲」社會的脈絡來看，「馬賊」不是單純的土匪或軍隊，老實說有些不上不下。相信各位都已明白長期從事此職業是多麼困難。對張作霖而言，「馬賊」的身分自然比土匪好，但只要取得超越軍隊的地位就毋需戀棧。就像破蛹而出的蝴蝶，也不會戀棧那層囊膜。

二　對「滿洲」的全新想像

「滿洲」如何成為「中國的一部分」？

近代是一個對邊界、民族抱持強烈情感的時代。因為在這個時代，若不完成國家建設與建立國民（民族）意識，國家就無法在資本主義經濟體制下取勝，甚至有可能淪為殖民地——十九世紀末至廿世紀的東亞知識分子，受到起源於達爾文進化論的社會進化論的影響，懷抱著這種危機感。實際上，日本的貿易體制也不再以向中國（清朝）朝貢為主，轉而因應嚴苛的國際情勢，迅速改革成功（成功與否或許因人而異）。然而日本試圖在鄰近的國家，套用西歐世界強調弱肉強食的資本主義，最後出現許多矛盾與悲劇。

清朝起源地「滿洲」長年受到特殊待遇，因應社會與國際情勢改革財政、軍事的腳步明顯晚了許多。一直到成為日俄戰爭的戰場，才終於開始改革，且受到其他省分注目。然而反覆嘗試、修正後，「滿洲」的軍事、財政仍無法與中央與其他省分分離。可以想見「滿洲」若於新政時期捨棄清朝的協助，就會落後其他省分。畢竟中國近代的「滿洲」是建立於清朝的協助之上。革命勢力尚弱，也是張作霖選擇持續清末新政體制的主因之一。

我懷疑當時沒有居住在「滿洲」——尤其是長江以南——的漢人是否認為「『滿洲』（中國東北地區）是中國的一部分」。漢人之子張作霖在「滿洲」建立政權，因為與日本（尤其是進駐當地的關東軍）對立而被炸死。其後他的兒子張學良承續政權，卻又發生九一八事變，導致「滿洲」嚴重破壞。經過動亂而逃往關內的漢人對「滿洲」產生一股思鄉情懷，他們的遺憾以各種形式刺激張學良，成為張學良引發西安事件的契機。第二次國共合作後全中國一同抗日，因此越來越多人認為「滿洲是中國的一部分」。說到底，「滿洲」原本就是中國的一部分，而非漢人的故鄉。只是與「日本」對立，使大家開始重視這塊土地。

此外，「近代是邊界與民族的時代」一事也使各國開始以本國史做為歷史教育的框架，這樣或許較有效率，但會缺漏「擁有獨特地域史的土地上的國際關係」，而「滿洲」就是很好的例子。這是現況的一大缺點。即使對中日關係或「滿洲」感興趣，也會因為不了解當地，而無法與中國史取得平衡，甚至消化不良。

我不確定本書能否改善「消化不良」的情形，但我認為本書仍為國家定義大幅改變的現在，提供以地域為主軸理解國際關係的有效案例研究。我提及「滿洲」與俄羅斯、朝鮮的關係，正是基於這個理由。若只是就中日關係探討「滿洲」，或許會覺得過去的歷史問題應該由兩國解決；然而加上「滿洲」與俄羅斯、朝鮮的淵源，會發現此地區不僅在過去十分重要，對東亞的未來亦是不可或缺。希望本書能使各位考慮到這一點。

中日為何全面宣戰

現在要回答終章一開頭提出的問題，其實非常困難。即使如此，我還是想先思考「日本為何建立『滿洲國』，甚至不惜向中國全面宣戰？」這個問題。

甲午戰爭後，清朝將遼東半島割讓給日本，卻遭到在遼東半島投入巨資的俄羅斯等三國反對。結果日本只得歸還遼東半島。一如前文所述，日俄戰爭的起因除了朝鮮的主導權，就是遼東半島的利益。日本於日俄戰爭險勝後（嚴格來說，這樣的說法也不夠確實）得償夙願，然而諷刺的是無論經營或是維持，日本還是得模仿俄羅斯等資本主義先進國家。簡單來說，就是設定固定的勢力範圍，使鐵路國營化。接著將鐵路事業做為經營殖民地的支撐重心，同時發展開礦、鋼鐵等副業，自多方獲利。如此一來，除了吸收本國資金，亦可向本國提供原料——有助於本國開拓市場。

然而在資本主義世界，這種由國家主導的方法完成於十九世紀末期（因此日本得以模仿）。到了廿世紀，美國等資本主義先進國家轉而因地制宜，更能確實獲利（雖然美國並未在「滿洲」獲利）。日本能堅持過去的做法，卻缺乏因應新局的柔軟性。

由閱歷豐富的張作霖、能力卓越的王永江組成的張作霖政權，因隨機應變而未受影響。即使一九二四年後，張作霖政權被迫面對日益高漲的反日情感，還是能與日本和平共存。可惜承續政權的張學良不如張作霖柔軟、老練。

張學良缺乏張作霖的人生與政治經驗（張學良政權維持三年，二十七歲至卅歲）。或許張學良果斷地決定加入國民黨勢力，但做法過於僵化而不容妥協、缺乏彈性。這是張學良與張作霖最大的差異，導致張學良無法妥善處理與日本間的關係。此外，日本受到經濟大恐慌、國內氛圍封閉的影響，關東軍為扳回張作霖暗殺事件的失敗而採取攻擊行動。當然包括暗殺事件，這些攻擊行動皆脫離關東軍的本分——維持鐵路與鐵路周邊的治安，而不具正當性。單就不受司令官控制來說，此舉也不符合近代軍隊的常識。

事實上「滿洲國」與台灣、朝鮮等日本之前獲得的屬地不同，與法無據。即使日俄戰爭後有朴資茅斯條約，但再怎麼擴大解釋，都不能做為日本擁有「滿洲國」的說詞。日本甚至採取苦肉計，主張「滿洲國」是當地的中國人自發性地、為獨立而形成的產物。

本書雖未詳述，但袁金鎧等人之所以與日本合作，正是基於上述原因。然而日本對殖民地的觀念還停留在「未設定固定的勢力範圍就無法獲利」，因此只擁有台灣、朝鮮與「滿洲」仍無法滿足，不，應該說沒有自信。日本天皇追認九一八事變為關東軍的軍事行動，證明日本軍隊形成了一種很危險的心理——**只要建功就能獲得肯定**。因此日本對之後擴大版圖的行動缺乏共識，甚至僅靠紙上談兵就認為可以迅速控制全中國，並冒然向中國全面宣戰。這是我個人的淺見，也是我研究的心得。

中國當然也有問題。除了張學良政權缺乏彈性，國民政府也因第一次國共合作瓦解而選擇優先掃蕩共產黨勢力（**安內攘外**），並過於期待國際聯盟協助處理九一八事變，才未能迅速因應。

國際聯盟當初無視中國的需求也是原因之一。或許國際聯盟當初考慮到若協助中國，可能會導致各殖民地群起要求恢復主權吧。國際聯盟一方面是各國基於第一次世界大戰而組成的機構，宗旨為協調國際問題與處理國際紛爭，卻無法解決此類重大問題。觀察現在的聯合國，會發現或許地區、條件不同，但許多問題都與一九三一年至一九三二年的「滿洲」相似。無論古今中外，要正確掌握問題並以最佳方法解決，都不是一件容易的事。

向過去學習即替未來準備

至於第二個問題「中日兩國若要維持良好的關係，的確必須了解彼此的歷史。然而我們應該對中日關係有什麼樣的展望？」也不容易回答，至少得同時研究近世後中國的整體史與地域史。

若整體史——亦即官方版本的歷史——為縱軸，研究有血有肉的地域史就等於多了橫軸。事實上，日本人再怎麼對中國感興趣，也不可能深入了解中國所有地區。因此我只能建議各位根據自己的喜好設定重點地區。比如說與日本淵源極深的「滿洲」、台灣，或者考量現在與未來的經濟關係而研究以上海為中心的長江下游等。本書一再強調，若只研究近現代史而不掌握之前的脈絡，不可能了解近現代史或現況。在歷史研究的世界，近世史與近現代史相互參照的情形十分常見，希望這些成果能更加普及。

相信一定有讀者（尤其是年輕人）認為：「歷史（學）得死背一堆內容，而且在現實生活中派不上用場」。然而各位的主體性將賦與歷史（學）生命，完全不需要死背。事實上我也不擅長死背。或許有讀者認為「滿洲」是往事，和現在無關。然而一如本書所述，「滿洲」與朝鮮的邊界——「間島」問題的來龍去脈與北韓的現況密切相關。各位不妨重新思考「脫北者為何會以那個地區為目標？」「為何北韓至今仍倚賴中國？」等問題。

若本書能稍微改變各位對中日關係、歷史學的觀念，將是我的榮幸。

原版後記

當中生代的我表示自己在研究「滿洲」、張作霖與「馬賊」，經常有人問我原因。簡單來說，就是我對革命史、共產黨史抱持懷疑的態度。革命英雄太偉大，而正義太沉重了。說到底，這世上不過就是力量與金錢吧？回想起來，我實在太不敬。不過老實說，那確實是我的起點。此外我對中國感興趣，但無法掌握整個中國。因此盡可能以許多角度研究「滿洲」，而不直接連結中國、日本——是我為了避免弱小的自己受「國家」意識限制，而採取的自衛策略。

前年八月，講談社委託我撰寫本書。

講談社選書出版部的山崎比呂志先生寫了一封信給我。山崎先生偶然在《彷書月刊》上讀了拙稿後，有了出版本書的構想。拙稿很短，但山崎先生的構想十分完整。之後我因生產、育嬰而大幅延遲交稿的時間，給山崎先生添了許多麻煩。今年一、二月，我在家人全力支持下，終於能全心投入本書。少了山崎先生的包容，以及家人、幼兒園與保母的協助，我不可能完成本書。真的非常感謝。

然而，故事還沒有結束。

今年四月，我翻閱報紙時留意到講談社每月發行的文藝雜誌《小說現代》五月號的標題——作家淺田次郎老師即將開始連載以張作霖為主角的全新小說《中原之虹》。我曾有緣與淺田老師見面，當時淺田老師表示想要再寫類似《蒼穹之昴》以中國近代史為題材的小說，因此對我的研究很感興趣。我想起當時的情景，希望本書能給淺田老師過目。

之後我有機會在《小說現代》裡與淺田老師對談（刊登於十月號），淺田老師提到歷史學可以將許多夢交給文學實現。看見自己研究的內容、發掘的人物在全新的舞台上有了生命，我真的非常雀躍。

沒想到本書的背後竟然有這麼一連串的偶然。若拙稿沒有在《彷書月刊》刊登，山崎先生就不會看見。若山崎先生不是講談社的編輯，拙作就沒有機會請淺田老師過目。若淺田老師與我的寫作時期不同，我就沒有榮幸再次與淺田老師相遇。在此鄭重感謝我在「參考文獻」等處介紹的每位研究者，他們除了提供貴重的研究、協助，也大大地激勵了我。本書不是由我一人完成，若少了我的家人、山崎先生等有形、無形的力量，本書不可能有此成就。我將以謙虛而嚴肅的心情放下手中的筆。

二〇〇四年九月

澀谷由里

學術文庫版後記

本書原名為《從馬賊看「滿洲」——張作霖一生走過的路》，二〇〇四年十二月由講談社專門選書出版。我對本書寄予重望。本書除了是我的第一本單行本，也是我的前半段研究生涯的集大成。感謝各位的支持，本書才能有四刷的成績。本書目前只有販售電子書，即使如此，電子書的讀者也很多。在此鄭重感謝紙本書、電子書的所有讀者。

去年初冬，講談社學術文庫編輯部稻吉稔先生與我聯絡，表示本書將製成文庫本。原本我不打算更動內容，沒想到當我拿到校正稿，還是忍不住以紅筆做了許多記號。從文字的順序到標點符號的用法，給稻吉先生添了許多麻煩。稻吉先生不厭其煩地協助我，一直到文庫本出版。在此表達我由衷的謝意。

稻吉先生希望文庫本能方便閱讀，因此圖片與年表的配置、段落的區分都配合文庫本的尺寸而有所不同。此外，我也根據我之後的研究修潤了過去不太確定的部分。同時配合目前的國際情勢與名稱，變更了一些說明。因年輕氣盛而寫得太過了的部分，也趁這個機會刪掉了。

原版付梓至今，已有十數年之久。比如說第四章提到的北韓，不僅領導人換了，還發生令人難以置信的衝擊事件。儘管陸續揭露、發展的全新事實令人目不轉睛，但北韓的起點是金日成時代，而金日成的起點是「滿洲國」時代的抗日游擊隊——此事毋庸置疑。當時的抗日游擊隊不只是由革命家組成，得與居民甚至土匪合作（**提供武力、糧食、土地、情報等**）。中華人民共和國建立後，不只是「滿洲」，各地與抗日運動合作的前土匪大多都在「清鄉行動」時被肅清。倖存者也難逃反右運動（**一九五七年**）、無產階級文化大革命（**一九六六年至一九七六年**）的批鬥。北韓內部也抹滅了過去一些提供協助的人不容於現有體制的事實，而這樣的歷史未來或許還會重演。

本書提及的那些遭執政者肅清、抹滅的土匪是過去的史實，而「對執政者不利的人事物往往都會被抹滅」的情形，古今中外皆然——若各位讀完本書能體認到此事，我會覺得非常榮幸。

二〇一七年三月

澀谷由里

註

前言

①ＮＨＫ取材班，臼井勝美《張學良的昭和史最後的證言》（以下以《證言》簡稱之）角川文庫　一九九五年（一九九一年初版），九十七頁至九十八頁。
②《證言》四十八頁。
③《證言》七十四頁。
④《證言》七十八頁。
⑤《證言》二十二頁。由筆者校點。
⑥《證言》三十二頁。

第一章

①《嵌合體─滿州國的肖像─增補版》中公新書二〇〇四年，補充資料三四〇頁至三四一頁。
②《東北馬賊史》祺齡出版社（台北），一九九四年，十二頁。

③上田信・深尾葉子譯，《中國社會》平凡社，一九九四年，一二三頁至一二四頁。

④《朝日新聞》一九九八年十二月十一日《二十世紀開始的傳聞第三部七個村落的記憶　七》。

第二章

①《東北人物大辭典》編委會編《東北人物大辭典》遼寧人民出版社・遼寧教育出版社，一九九一年，三七三頁。

②地圖出版社，一九八七年，第十頁至第十一頁，嘉慶廿五年（一八二〇年）。

③張作霖的「馬賊」時代的行政單位「廳」，直接升格為「府」，作為行政單位的台安縣因條件未符合，由八角台的新寧廳（府）來統治。

④以王鴻賓為主編的《東北人物大辭典》第二冊下一九九六年，一七三二頁。

⑤⑥宋教仁《廿世紀之梁山泊》。陳旭麓主編《宋教仁集》上冊，中華書局，一九八一年，第十二頁至第十三頁。初次刊載於《二十世紀之支那》第一期，一九〇五年六月廿四日。

⑦先進社，東京，一九三一年。

⑧一九〇五年，將各省防軍、練軍等舊軍系重新編整過的軍隊。防軍也被稱作為勇營，士兵為臨時招募，淮軍等屬於這類。練軍為從綠營中選拔出來的精銳部隊。另外在一九〇六年時「綠營」為連同巡防營一併算在內的統稱。

⑨義和團事件引起八國聯軍後的賠償金中，雖然英鎊是以比例支付，但當時正在銀價上升之際，因此將指定的額度支付完畢後，仍然有差額餘出，被清廷稱之為「磅餘銀」而蓄留下來。詳細說明在拙作《奉天省權威革命的「挫折」—縱觀地方軍如何維持經費》《近處》第卅九號《辛亥革命九〇周年紀念特輯號　日本對清末、民初的權威研究》，二〇〇一年，一七五頁至一七六頁。

⑩詳細揭載在拙作，參照一七五頁至一七六頁。

⑪與註⑤⑥同。

⑫於清朝一九〇八年至一九一二年在位，一九三二年至一九三四年執政「滿州國」；一九三四年至一九四五年間皆使用同一帝號（康德）。

⑬中國科學院歷史研究所第三所主編，第一、二冊，中華書局，一九五九年。

第三章

①段祺瑞所率領的安徽派和馮國章逝世後，由曹錕（一八六二年至一九三八年）與吳佩孚（一八七四年至一九三九年）所率領的直隸派的戰爭。

②《奉天省財政研究》盛京時報社，一九二七年，三十三頁。

③外務省編《日本外交文書》大正十一年第二冊（原書房），五一七頁。內田外務大臣函送奉天・赤塚總領事〈張作霖鹽關稅拆押命令撤回方要請拒絕件〉。

④外務省保存紀錄 MT1.6.1.4 R.119，大正六年十二月十四日，關東都督府陸軍一參謀部，諜第一一八號（秘）。

⑤〈東三省金融整理委員會報告書（譯文）〉《滿鐵調查月報》第十三號第二號，一九三三年，一九三頁。

⑥像現在日本銀行券一樣，並非完全無法兌換紙幣，對上海、天津地區擁有保證可以兌換的功能。

⑦外務省保存紀錄 MT1.6.1.4 R.140，大正十一年五月八日，製作紀錄者不明，第一九一九號，「關於奉軍出動相關之日支官民感想與對經濟之影響」（關東隊報）。筆者翻譯成現代文體。

⑧外務省保存紀錄 MT1.1.2.92 R.24，大正十三年三月一日，第六一號。「」內為筆者縮寫。

⑨翟文選等編修《奉天通志》（一九三四年）篇一四四，民治三，報館。

⑩以下，山根幸夫《町野武馬與張作霖》（《近代中國中的日本人》研文出版，一九九四年收錄）、以及戶部良一《日本陸軍與中國—「支那通」夢想的挫折》講談社，一九九九年，以此為主要基礎所記述。

⑪《證言》一三五頁。

⑫戶部前揭書，一一八頁至一二〇頁。

⑬同，八十四頁。

⑭《證言》四十八頁。

⑮註與⑬同。

第四章

①PHP新書，二〇〇〇年。
②波多野澄雄所執筆，九八一頁至九八三頁。
③文春文庫，一九八八年（單行本初版印刷為一九八四年）。
④文庫版，五十五頁。
⑤同，六十頁。
⑥後樂社初版，一九二四年。Yumani Shobo 復刻版，《出日本記系列—明治時代的冒險者們—》第十冊，一九九三年收錄。
⑦原著一三一頁至一三二頁，復刻版一六七頁至一六八頁。
⑧西順藏等編《中國古典文學大系　五八　清末民初政治評論集》平凡社，一九七一年，三一七頁，野村浩一譯。保留原文中的假名。
⑨《支那馬賊祕史》，二十四頁。
⑩同，二十五頁。
⑪以下可見於《關東馬賊》一四一頁至一四二頁。（）內為筆者補述。
⑫渡邊《馬賊社會誌》，一七八頁至一七九頁。
⑬同，二一三頁。
⑭田・高兩前揭書，一四八頁至一四九頁。
⑮張學良政權時期所創，聯合了東北三省軍隊，統一以「東北軍」這樣的名號稱呼。
⑯田・高兩前揭書，二三六頁至二三七頁。
⑰同，二三七頁至二五四頁內容概要。
⑱同，二五九頁。
⑲久留島秀三郎編著《馬賊　鞍山回憶錄》自費出版，一九六七年收錄。
⑳《馬賊錄》，相模書房初版，一九三二年。增補改訂版出版社不明，一九五二年。至竹歲回憶錄《步向幽暗》中載明。
㉑同，一二九頁。

㉒同，一三八至一三九頁。

㉓同，一四五至一四六頁。

㉔原著一八六至二〇五頁，復刻版二二二至二四一頁。

㉕原著一三七至一三九頁，復刻版一七三至一七五頁。

㉖曹保明《東北馬賊史》（前出）一三六至一三七頁概要。

㉗《廣辭苑》的「十八羅漢」、「十六羅漢」、「羅漢」、「阿羅漢」等各項目。

參考文獻

1 概說書

- 《日本外交史概說》，三訂版，池井優，慶應通信，一九九二年
- 《民俗的世界史５ 漢民族與中國社會》剛正雄等兼修，橋本萬太郎編，山川出版社，一九八三年
- 《世界歷史１２ 明清與李朝時代》，岸本美緒、宮嶋博史，中央公論社，一九九八年
- 《亞洲歷史與文化３ 中國史—近代１》竺沙雅章監修、責任編輯，同朋社出版，一九九四年
- 《亞洲歷史與文化５ 中國史—近・現代》竺沙雅章監修、責任編輯堀川哲男，同朋社出版，一九九五年
- 《亞歐歷史與文化７ 北亞史》竺沙雅章監修、責任編輯若松寬，同朋社出版，角川書店發售，一九九九年
- 《亞洲歷史與文化８ 中亞史》中，濱田正美、小松酒男主筆的第三章〈近代的中亞〉，竺沙雅章監修，責任編輯間野英二，同朋社出版，角川書店發售，一九九一年
- 《世界史１９ 中華帝國的危機》並木賴壽、井上裕正，中央公論社，一九九七年
- 《從數據看中國近代史》，狹間直樹等著，有斐閣，一九九六年
- 《中國文明的歷史９ 清帝國的繁榮》，責任編輯宮崎市定，中宮文庫，二〇〇〇年（原著為《東洋的歷史第九冊 清帝國的繁榮》，人物往來社，一九六七年）
- 《增補 近代日中關係史研究入門》，山根幸夫等編，研文出版，一九九六年
- 《六十年來中國與日本》第一、七冊，王芸聲編著，生活・讀書・新知三聯書店，一九七九年
- 《清代東北史》，王革生等編著，遼寧教育出版社，一九九一年
- 《近代東北人民革並鬥爭史》，王魁喜等，吉林人民出版社，一九八四年（日文由志賀勝翻譯《滿州近代史》，現代企劃室，

一九八八年）
- 《偽滿州國史》，姜念東等，大連出版社，一九九一年
- 《新編中國東北地區經濟史》，孔經緯，吉林教育出版社，一九九四年
- 《中國東北史》第五冊，主編佟冬，吉林人民出版社，一九九八年
- 《中國東北通史》，李澍田等主編，吉林文史出版社，一九九一年

2 工具書（事典、地圖等）

- 《日本近代人名辭典》，臼井勝美等編，吉川弘文館，二〇〇一年
- 《平凡社版　世界地圖帳》，梅棹忠夫等兼修，平凡社，二〇〇〇年第四校訂版，一九九一年初版
- 《日本外交史辭典》，外務省外交史料館日本外交史辭典編纂委員會編製，山川出版社，一九九二年
- 《現代中華民國滿州國人名鑑》，外務省情報部編，東亞同文會，一九三七年
- 《東三省官紳錄》，田邊種治郎編，一九二四年
- 《廣辭苑》第五版，新村出編，岩波書店，一九九八年
- 《中國歷史文化事典》，孟慶遠主編，小島晉治等譯，新潮社，一九九八年。原著為《新編中國文史詞典》，中國青年出版社，一九八九年
- 《東北人物大辭典》第二冊，王賓弘等主編，遼寧古籍出版社，一九九六年
- 《張學良將軍畫傳》，郭君等編，遼寧教育出版社，一九九三年
- 《辛亥革命辭典》，張開沅主編，武漢出版社，一九九一年
- 《民國人物大辭典》，徐友春主編，河北人民出版社，一九九一年
- 《辛亥革命史地圖集》，辛亥革命武昌起義紀念館編著，中國地圖出版社，一九九一年
- 《張學良將軍資料索引》，人民日報新聞消息中心等合編，東北工學院出版社，一九九二年
- 《滿族大辭典》，孫文良主編，遼寧大學出版社，一九九〇年

- 《中國歷史地圖集　第八冊　清時期》，譚其驤，地圖出版社，一九八七年
- 《中國歷史地圖集　譯文匯編　東北卷》，譚其驤，中央民族學院出版社，一九八八年
- 《中國近代史大典》上下冊，中國近代史大典編委會編，中國黨史出版社，一九九二年
- 《張學良年譜》，張友坤等主編，社會科學文獻出版社，一九九六年
- 《中國歷史大辭典　清史》，鄭天挺等主編，上海辭書出版社，一九九二年
- 《東北人物大辭典》，《東北人物大辭典》編委會編，遼寧人民出版社・遼寧教育出版社，一九九二年
- 《民國職官年表》劉壽林等編，中華書局，一九九五年
- 《義和團大辭典》，廖一中主編，中國社會科學出版社，一九九五年
- 《遼寧檔案通覽》，遼寧省檔案科學技術研究所編，檔案出版社，一九八八年
- Suleski, R., The Modernization of Manchuria; An Annotated Bibliography, The Chinese University Press, 1994

3 研究書

- 《大元帥　張作霖》淺野犀涯，日華實業社，一九二八年
- 《布達佩斯與近代中國》，飯島涉，研文出版，二〇〇〇年　（http://amzn.asia/2kP39yR）
- 《中國近代化歷史與發展》上下冊，池田誠等編，法律文化社，一九九六年，
- 《近代東亞的政治力學—間島周遭日中朝關係的歷史沿革》，李盛煥，錦正涉，一九九一年
- 《從鐵道軌距改變看現代史—在國家權力上行走的列車》，井上勇一，中公新書，一九九〇年
- 《日本與中國—大正時代—》，臼井勝美，原書房，一九七二年
- 《滿州國與國際聯盟》，臼井勝美，吉川弘文館，一九九五年
- 《暗殺張作霖—昭和天皇的統帥》，大江志乃夫，中公新書，一九八九年
- 《男裝靚女・川島芳子傳》，上坂冬子，文春文庫，一九八八年。一九八四年單行本初版
- 《匪賊—中國民亂》，川合貞吉，新人物往來社，一九七三年

- 《滿州的朝鮮人黨—一九三〇年代的東滿、南滿—》，姜在彥，青木書店，一九九三年
- 《張學良為何在西安事變後離開》，岸田五郎，中公新書，一九九五年
- 《對滿蒙政策史的一隅—日俄戰爭後到大正時期—》，栗原健編，原書房，一九六六年
- 《辛亥革命起到滿州事變—大阪朝日新聞與近代中國—》，後藤孝夫，Misuzu 書房，一九八七年
- 《康有為—盛綻烏托邦—》，坂出樣伸，集英社，一九八五年
- 《萱野長知研究》，崎村義郎著，久保田文次編，高知市民圖書館，一九九六年
- 《奉天經濟三十年史》，佐佐木孝三郎編，一九四〇年，東洋文庫收藏
- 《日本帝國主義與滿州　一九〇〇—一九四五》上下冊，鈴木隆史，塙書房，一九九二年
- 《張作霖》，原田一龜，中華堂，一九二三年。東洋文庫收藏
- 《東三省現下局勢》，原田一龜，奉天遠東事情研究會，一九二四年。東洋文庫收藏
- 《東三省政治與外交》，原田一龜，盛京時報社，一九二五年。東洋文庫收藏
- 《奉天省財政研究》，原田一龜，盛京時報社，一九二七年。東洋文庫收藏
- 《在「滿州」的反滿抗日勢力運動研究》，田中恒次郎，綠蔭書房，一九九七年
- 《近代東北經濟史研究—鐵道鋪設與中國經濟的變化》，塚瀨進，東方書店，一九九三年
- 《滿州日本人》，塚瀨進，吉川弘文館，二〇〇四年
- 《對中國國家建設權威的試煉—湖南一九一九～一九二一年—》，塚本元，東京大學出版會，一九九四年
- 《中國國民黨革命—戰間期東亞地殼的變動—》，栃夫利夫、坂野良吉，法政大學出版局，一九九七年
- 《日本陸軍與中國—「支那通」夢想的挫折》，戶部良一，講談社，一九九九年
- 《西安事變》，長野廣生，三一書房，一九七五年
- 《劉堡—中國東北地方宗族與轉型—》，聶莉莉，東京大學出版會，一九九二年
- 《原典中國近代思想史第二冊　洋務運動與變法運動》，西順藏編，岩波書店，一九七七年
- 《原典中國近代思想史第三冊　辛亥革命》，西順藏編，岩波書店，一九七七年
- 《中國古典文學大系５８　清末民初政治評論集》，西順藏等編，平凡社，一九七一年
- 《圖說「滿州」都市物語》，西澤泰彥，河出書房新社，一九九六年
- 《中國近代東北地域研究》，西村成雄，法律文化社，一九八四年

- 《現代亞洲的肖像三　張學良—日中的霸權與「滿州」—》，西村成雄，岩波書店，一九九六年
- 《滿蒙獨立運動》，波多野勝，ＰＨＰ新書，二〇〇一年
- 《日本統治與東亞社會—殖民地朝鮮與滿州的比較研究—》，濱口裕子，勁草書房，一九九六年
- 《橫越中國革命的罪人們—土匪與流氓的世界》福本勝清，中公新書，一九九八年
- 《日俄戰爭》，古屋哲夫，中公新書，一九六六年
- 《宋教仁日記》，松本英紀譯著，同朋舍出版，一九八九年
- 《宋教仁研究》松本英紀，晃洋書房，二〇〇一年
- 《東北軍閥政權的研究—張作霖、張學良的安內攘外軌跡—》，水野明，國書刊行會，一九九四年
- 《科舉史》，宮崎市定，平凡社東洋文庫，一九八七年
- 《台灣出兵—大日本帝國的開幕劇》，毛利敏彥，中公新書，一九九六年
- 《「滿州國」的金融》，安富步，創文社，一九九七年
- 《支那馬賊祕史》，矢荻富橘，日本書院，一九二四年
- 《中國的祕密結社》，山田賢，講談社，一九九八年
- 《嵌合體—滿州國的肖像—　增補版》，山室信一，中公新書，二〇〇四年。一九九三年初版
- 《「滿州國」的研究》，山本有造編，京都大學人文科學研究所，一九九三年
- 《現代亞洲的肖像一　孫文與袁世凱—中華統一之夢—》，橫山宏章，岩波書店，一九九六年
- 《馬賊—日中戰爭史的側面》，渡邊龍策，中公新書，一九六四年
- 《馬占山與滿州—人民英雄、烈士的前馬賊生涯—》，王鴻賓等著，陳志山譯，AGE 出版社，一九九〇年
- 《袁世凱與近代中國》，陳志讓著，守川正道譯，岩波書店，一九八〇年
- http://amzn.asia/cPsdLgo
- 《軍紳政權—軍閥支配下的中國》，陳志讓著，北村稔等譯，岩波書店，一九八四年
- 《現代亞洲的肖像六　金日成與金正日—革命神話與主體思想》，徐大肅著，古田博司譯，研波書店，一九九六年
- 《中國的社會》Lloyd E. Eastman 著，上田信等譯，平凡社，一九九四年
- 《清末憲政史》，韋慶遠等，中國人民大學出版社，一九九三年
- 《張作霖和奉系軍閥》，王鴻賓主編，河南人民出版社，一九八九年

- 《東北大學史稿》，王振乾等編，東北師範大學出版社，一九八八年
- 《中國近代警察制度》，韓延龍主編，中國人民公安大學出版社，一九九三年
- 《中國近代警察史》上下冊，韓延龍等，社會科學文獻出版社，二〇〇〇年
- 《民國時期的土匪》，蔡少卿主編，中國人民大學出版，一九九三年
- 《張學良評傳》，司馬桑敦，傳記文學出版社（台北），一九八九年
- 《張老帥與張少帥》，司馬桑敦等，傳記文學出版社（台北），一九八四年
- 《張作霖》，常城主編，遼寧人民出版社，一九八二年
- 《徐世昌評傳》，沈雲龍，傳記文學出版社（台北），一九七九年
- 《東北馬賊史》，曹保明編，祺齡出版社（台北）
- 《張學良傳》，張魁堂，東方出版社，一九九一年
- 《清末東三省的鐵路開放政策（一九〇五～一九一一）》，張守真，復文圖書出版社（台北），一九九〇年
- 《近世東三省研究論集》，趙中孚，成文出版社（台北），一九九九年
- 《晚清財政與中國近代化》，鄧紹輝，四川人民出版社，一九九八年
- 《東北近代史研究》，潘喜延，中州古籍出版社，一九九四年
- 《張學良將軍傳略》，武育文等，遼寧大學出版社，一九八八年
- 《最近卅年中國軍事史》，文公直，文星書局（台灣），一九七一年
- 《西安事變新探—張學良與中共關係之研究》，東大圖書公司（台北），一九九五年
- 《清末東北移民實邊政策之研究》，林世鉉，國立政治大學歷史學系（出版於台北），二〇〇一年
- Billingsley, P., Bandits in Republican China Stanford University Press,1988。日文翻譯為 Billingsley, P., Bandits 著，山田潤譯《匪賊—近代中國的邊境與中央—》，筑摩書房，一九九四年
- Des Forges, R.V., Hsie-liang and the Chinese National Revolution, Yale University Press, 1973
- McCormack, G., Chang Tso-lin in Northeast China 1911-1928; China, Japan, and Manchurian Idea, Stanford University Press, 1977
- Nathan, C.F., Plague Prevention and Politics in Manchuria, 1910-1931, East Asian Center of Harvard University, 1957
- Reynolds, D.R., China, 1898-1912; TheXinzheng Revolution and Japan, Harvard University Press, 1993
- Suleski, R., Civil Government in Warlord China; Tradition, Modernization, and Manchuria, Peter Lang Publishing, 2002

4 研究論文

- 〈俄國革命後在東三省北部施行『幣權回收』〉，味岡徹，《歷史學研究》第五一三號，一九八三年
- 〈郭松齡事件與日本帝國主義〉，江口圭一，《人文學報》第十七號，一九六七年
- 〈舊奉天省遼陽的鄉團指導者，關於袁金鎧〉，江夏由樹，《一橋論叢》第一〇〇卷第六號，一九八八年
- 〈舊奉天省遼陽的有力人士，關於張家〉江夏由樹，《一橋論叢》第一〇二卷第六號，一九八九年
- 〈東北交通委員會與所謂『滿鐵包圍鐵道網計畫』〉，尾形洋一，《史學雜誌》第八十六編第八號，一九七七年
- 〈奉天歷史變遷相關筆記〉，尾形洋一，早稻田大學文學部東洋史研究室編，《中國近代史研究—栗原朋信博士追悼集—》，雄山閣出版，一九八〇年收錄
- 〈清末民初在江蘇省的認捐制度〉，金子肇，《東洋史研究》第五十九卷第二號，二〇〇〇年
- 〈張作霖政權下的奉天省民政與社會—王永江—〉，澀谷由里，《東洋史研究》第五十二卷第一號，一九九三年
- 〈『九一八』事變後在瀋陽的政治狀況—奉天地方維持委員會—〉，澀谷由里，《史林》第七十八卷第一號，一九九五年
- 〈張作霖政權成立的背景—在奉天省崛起的軍隊、警察與辛亥革命—〉，澀谷由里，《亞洲經濟》第卅八卷第五號，一九九七年
- 〈遼寧省檔案館以及中國第一歷史檔案收錄藏之清末民初奉天省財政、治安維持體制相關史料〉，澀谷由里，江夏由樹編輯《近代中國東北在社會經濟構造的改變—經濟統計資料，及歷史文書史料之分析—》，平成九年度至平成十一年度科學研究費補助金〈基盤研究(A)②〉研究成果報告書，二〇〇〇年收錄
- 〈奉天省革命的「挫折」—綜觀地方軍如何維持經費〉，澀谷由里，《近處》第卅九號〈辛亥革命九〇周年紀念特輯號　日本對清末、民初的權威研究〉，二〇〇一年，一七五頁到一七六頁
- 〈從馬賊到軍閥—以張作霖為例—〉，澀谷由里，《彷書月刊》八月號〈特輯　馬賊之歌〉，二〇〇二年
- 〈一九二〇年代的東三省與日本—張作霖的對日態度〉，謝碧珠，《御茶水歷史》第三十二號，一九八八年
- 〈協調與對立—清末的蒙古族與漢族—〉，白岩一彥，可兒弘明等編著《透過民族讀中國》，朝日新聞社，一九九八年收錄
- 〈中國東北的歷史與文化〉，田村晃一等，岡正雄等兼修、三上次男、神田信夫所編《民族的世界史３　東北亞民族與歷史》，山川出版社，一九八九年收錄
- 〈郭松齡事件與國民革命〉，土田哲夫，《近處》第四號，一九八三年

•〈南京國民政府時期的國家統合—張學良東北政權（一九二八年至一九三一年）與關係為例—〉，土田哲夫，中國現代史研究會編《中國國民政府史研究》，汲古書院，一九八六年收錄
•〈張學良政權下的幣制改革—「現大洋票」的政治意涵—〉，西村成雄，《東洋史研究》第五〇卷第四號，一九九二年
•〈郭松齡與日本人—從史田福松醫師筆記《諫郭言》—〉，林正和，《駿台史學》第三十七號，一九七五年
•〈清代後期盛京行政的變革—從高官人事看異動傾向的分析—〉，古市大輔，《史學雜誌》第一〇五篇第十一號，一九九六年
•〈光緒初年盛京行政改革的財政背景—東三省協餉不足與確保養廉的意圖—〉，古市大輔，《東洋學報》第七十九卷，一九九七年
•〈滿州與滿州國〉，細古良夫，板垣雄三等編《對世界史提問系列8　歷史中的地域》，岩波書店，一九九一年
•〈張作霖在奉天省權力的掌握與其支持基礎〉，松重充浩，《史學研究》第一九二號，一九九一年
•〈王永江的內外認識與東北統治理念—近代中國在地域主義的面相—〉，松重充浩，曾田三郎編《中國近代化過程的指導者們》，東方書店，一九九七年收錄
•〈滿州近代的名相　王永江〉，安岡正篤，同《政治家與實踐哲學》，全國師友協會，一九四八年初版，一九八三年復刻版收錄
•〈町野武馬與張作霖〉，山根幸夫，同《近代中國中的日本人》，研文出版，一九九四年收錄
•〈關於第二次滿蒙選事〉，山本四郎，《奈良大學紀要》第一號，一九七二年
•〈流亡的大學—九一八以後—〉，作者不詳，《中國》第五十九號，一九六八年
•〈中國遼寧省檔案館收藏歷史文書與利用〉，趙雲鵬著，澀谷由里譯《亞洲經濟》第卅七卷第五號，一九九六年
•〈近代瀋陽報紙簡介〉，郁其文，《瀋陽文史資料選輯》，一九八三年第四期
•〈近代奉天的官書與私信〉，海放等，《東北地方史研究》，一九八六年第一期
•〈辛亥革命張作霖進駐奉天新論〉，郭建平，《歷史檔案》，一九九五年第一期
•〈王永江傳略〉，魏福祥，《東北地方史研究》，一九八五年第二期
•〈增祺〉，薛銜天，李文海等主編《清代人物傳稿》下篇，第五冊，遼寧人民出版社，一九八九年收錄
•〈論錫良〉，戴其芳等，《內蒙古大學學報》，一九九二年第四期
•〈清末的巡防隊與辛亥革命〉，鄧亦兵，《社會科學戰線》，一九八一年第四期
•〈東北革命運動史概要〉，寧武，《中華民國開國五十年文獻》第一篇　第十二冊，正中書局（台北），一九六二年收錄
•〈王永江〉，馮月庵等，《瀋陽文史資料選輯》，一九八三年第四期
•〈張榕〉，余阿土，李文海等主編《清代人物傳稿》下篇　第三卷，遼寧人民出版社，一九八七年收錄

•〈王永江創辦奉天稅務講習所〉，余陽，《東北地方史研究》，一九八九年第三期
•〈辛亥革命時期北方地區的革命活動〉，林能士，中華民國史料研究中心編《孫中山與辛亥革命》下冊，一九八一年收錄
•〈張作霖〉，黎光等，李新等主編，《民國人物傳》第一冊，中華書局，一九七八年收錄
•〈陶克陶胡〉，盧明輝，宗志文等主編，《民國人物傳》第三卷，中華書局，一九八一年收錄

5 回憶錄、証言、日記與其他

•《張學良的昭和史最後的証言》，臼井勝美，ＮＨＫ取材組，角川文庫，一九九三年
•《奉天三十年》上下冊，岩波新書，一九三八年初版
•《馬賊　安山回憶錄》，久留島秀三郎，自費出版，一九六七年
•《馬賊錄》，久留島秀三郎等，相模書房初版，一九三二年。增補修訂版出版社不明，一九五二年
•〈王永江錄〉，田島富穗，滿州回顧集刊行會編《啊，滿州　國家製造產業開發者的手札》，農林出版社，一九六五年收錄
•《直到成為馬賊》，覆面浪人，後樂社初版，一九二四年。yumani書房復刻版，《出日本記系列—明治時代的冒險者們—》第十冊，一九九三年收錄
•《馬賊奮鬥史》，邊見勇彥，先進社，一九三一年
•《陰謀、暗殺、軍刀—外交官回憶錄—》，森島守人，岩波新書，一九五〇年
•〈袁金鎧的一生〉，袁慶清，霍燎原編《偽滿人物》（偽滿州國史料叢書），吉林文史初版社，一九八八年
•〈遼西巨匪杜立山〉，王壽山，《河北文史資料》編輯部編《近代中國土匪實錄》上冊，群眾初版社，一九九二年收錄
•〈灤州起義及北方革命運動簡述〉，王葆真，中國人民政治協商會議全國委員會文史資料研究委員會主編《辛亥革命回憶錄》第五冊，文史資料出版社，一九八一年收錄
•〈東三省革命記紀事〉，郭孝成，中國史學會主編《辛亥革命（七）》（中國近代史資料叢書），上海人民出版社，一九五七年收錄
•〈張作霖早期發跡事略〉，姜向春，全國政協文史資料委員會編《中華文史資料文庫》，第十篇〈軍政人物篇〉，中國文史出版

社，一九九六年收錄
- 〈王永江別傳〉，金毓黻，唐文權等編《辛亥革命人物碑傳集》，團結出版社，一九九一年，第四冊收錄
- 〈東三省官銀號〉，荊有岩，全國政協文史資料委員會編《中華文史資料文庫》第十四冊　經濟工商篇．金融財稅，中國文史出版社，一九九六年收錄
- 〈張烈士榕事略〉，侯毅，唐文權等編《辛亥革命人物碑傳集》，團結出版社，一九九一年，第四冊收錄
- 〈東三省官銀號〉，荊有岩，全國政協文史資料委員會編《中華文史資料文庫》第十四冊　經濟工商篇．金融財稅，中國文史出版社，一九九六年收錄
- 〈張烈士榕事略〉，侯毅，唐文權等編《辛亥革命人物碑傳集》，團結出版社，一九九一年，第四冊收錄
- 〈張作霖統治東北時代奉天政治叢談〉，黃曾元，《吉林文史資料選輯》，一九八四年第四期（土田哲夫提供）
- 《王鐵漢先生訪問紀錄》，沈雲龍訪問，林泉紀錄，中央研究院近代史研究所（台北），一九八五年
- 〈張作霖的土匪生涯〉，張占軍整理，《河北文史資料》編輯部《近代中國土匪實錄》上冊，群眾出版社，一九九二年收錄
- 〈張作霖的崛起覆滅〉，陳崇橋，全國政協文史資料委員會編《中華文史資料文庫》第十冊〈軍政人物篇〉，中國文史出版社，一九九六年收錄
- 〈王永江整頓奉省財政之前前後後〉，陳裕光，《吉林文史資料選輯》一九八四年第四期（土田哲夫提供）
- 〈清末東三省綠林〉，寧武，《河北文史資料》編輯部編《近代中國土匪實錄》上冊，群眾出版社，一九九二年收錄
- 〈清末東三省綠林各邦之產生、分化及其結局〉，寧武，全國政協文史資料委員會編《中華文史資料文庫》第二十冊〈社會民情篇〉，中國文史出版社，一九九六年收錄
- 〈東北辛亥革命簡述〉，寧武，中國人民協商會議全國委員會文史資料研究委員會主編《辛亥革命回憶錄》第五集，文史資料出版社，一九八一年收錄

6 史料、同時代的報告書等

・編纂史料文獻

《日本外交文書》，外務省編，原書房，一九二二年
《日本外交文書》第四十五冊別冊〈清國事變（辛亥革命）〉，外務省編，一九六一年
《東三省官銀號論》，久間猛，關東廳財務部，一九二九年，東洋文庫收藏
《趙將軍的財政與奉天的恐慌》，兒玉秀三郎，一九〇七年，東洋文庫收藏
《現代史資料》7〈滿州事變〉，小林龍夫等編，11〈續・滿州事變〉、31－33〈滿鐵1－3〉，misuzu 書房，一九六四、一九六五、一九六六年至一九六九年
《清國憲政沿革略》，參謀本部，一九一一年序言，東洋文庫收藏
《舊政權時代的東北財政狀態與滿洲國政府的財政狀態》，新京總領事館，一九三三年，東洋文庫收藏
《對支回憶錄》上下冊，東亞同文會編，一九三六年初版，復刻版《明治百年史叢書》，原書房，一九六八年
《續對支回憶錄》上下冊，東亞同文會編，一九四一年初版，復刻版《明治百年史叢書》，原書房，一九七三年
〈東三省金融整理委員會報告書（譯文）〉，《滿鐵調查月報》第十三卷第二號，一九三三年，國立國會圖書館收藏
《奉郭占重要日誌》，滿鐵庶務部調查課，一九二六年，東洋文庫收藏
《奉天票與東三省的金融》，滿鐵庶務部調查課，一九二六年，東洋文庫收藏
《南滿洲鐵道株式會社十年史》，南滿洲鐵道株式會社，一九一九年，東洋文庫收藏
《南滿洲鐵道旅行介紹》，南滿洲鐵道株式會社，一九一七年，東洋文庫收藏
《岫巖縣志》，郝玉璞總編輯，一九二八年，富山大學收藏
《滿鐵史資料》第二冊　路權篇，吉林省社會科學院編，中華書局，一九七九年
《宮中檔光緒朝奏摺》第二十六輯，故宮博物院（台北），文中使用的是一九七五年版
《義和團運動檔案史料》，故宮博物院（北京），中華書局，一九五九年
《清末籌備立憲檔案史料》上下，故宮博物院（北京），中華書局，一九七九年

《光緒朝東華錄》，朱壽明編，張靜盧等校對，中華書局，一九五八年
《退耕堂政書》，徐世昌撰，沈雲龍主編，近代中國史料叢刊第廿三輯，文海初版社（台北版）
《東三省政略》，徐世昌撰，李澍田校對，輯林文史出版社，一九八九年版
《（清）高宗實錄》卷六七六，乾隆廿七年（一七六一年）十二月已亥條，中華書局，採用一九八七年版
《（清）德宗實錄》卷四九五、五一九、五二一、五七四（光緒年間），中華書局，採用一九八七年版
《辛亥革命在瀋陽》，瀋陽市檔案館編，瀋陽出版社，一九九一年，山本有造提供
《中日戰爭》1～12，戚其章主編，中國近代史資料叢刊續編，中華書局，一九九三年
《日本帝國主義侵華檔案史料選編　九一八事變》，中央檔案館等合編，中華書局，一九八八年
《清末新軍編練沿革》，中國科學院近代史研究所中華民國史組編，中華民國史資料叢稿　專題資料選輯第二輯，中華書局，一九七八年
《錫良遺稿》一、二，中國科學院歷史研究所第三所主編，中華書局，一九五九年
《中國海關與庚子賠款》，中國近代經濟史資料叢刊編輯委員會主編，中華書局，一九六二年
《北洋軍閥》1～6，中國史學會等編，武漢出版社，一九九〇年
《中清代外債史資料》，中國人民銀行參事室編著，中國金融出版社，一九九一年
《中華民國貨幣史資料，第一輯（一九一二～一九二七）》，中國人民銀行總行參事室編，上海人民出版社，一九八三年
《清代檔案史料叢編》第八輯，中國第一歷史檔案館編，中華書局，一九八二年
《義和團檔案史料續編》，中國第一歷史檔案館編輯部編，中華書局，一九九〇年
《辛亥革命前十年間民變檔案史料》上下冊，中國第一歷史檔案館，北京師範大學歷史系編選，中華書局，一九八五年
《清史稿》卷一一四、一一六、一一七、一一八趙爾巽撰，中華書局，使用的是一九七六年版
《宋教仁集》，陳旭麓主編，中華書局，一九八一年
《奉天通志》，翟文選等編，一九三四年，京都大學文學部收藏
《康有為政論集》上下冊，湯志鈞編，中華書局，一九八一年
《遼陽縣志》，白永真撰，遼陽縣公署，一九八二年，富山大學所收藏
《張學良文集》上下冊，畢萬聞主編，新華出版社，一九九二年
《光緒帝末延吉邊務報告（吳祿貞著，樸慶輝標注）．延吉廳領土問題之解決（匡熙民著，李東賀教對）》，長白叢書　初集，吉林文史出版，一九八六年

《清朝續文獻通考》1～4，劉錦藻撰，新興書局，一九六三年復刻版
〈辛亥革命在奉天〉遼寧省檔案館編，《歷史檔案》，一九八四年第四期
《辛亥革命在遼寧檔案史料》，遼寧省檔案館編，一九八一年
《日俄戰爭檔案史料》，遼寧省檔案館編，遼寧古籍出版社，一九九五年
《奉系軍閥檔案史料彙編》1～12，遼寧省檔案館編，江蘇古籍出版社・香港地平線出版社，一九九〇年
《奉系軍閥密信選輯》，遼寧省檔案館編，中國檔案出版社，一九九三年
《天津歷史博物館館藏　北洋軍閥史料徐世昌卷》1、2，林開明等編，天津古籍出版社，一九九六年

・新聞史料

張作霖政權時期，以「滿洲事變」為中心
《朝日新聞（大阪）》、《朝日新聞（東京）》，國立國會圖書館新聞資料室所收藏
《盛京時報》，京都大學人文科學研究所東洋學文獻中心收藏
《滿洲日報》，國立國會圖書館新聞資料室收藏

・文書史料

外務省紀錄 A-1-1-0-21-3-1〈滿州事變各國的態度支那部〉，外務省外交史料館收藏
外務省保存紀錄　MT（明治・大正）1.1.2.92, MT1.6.1.4, MT1.7.1.5, MT1.11, MT1.7.3.97, PVM（松本忠雄關係文書）12.55，國立國會圖書館憲政資料收藏
陸軍省《密大日記》，大正十三年、十五年，防衛廳防衛研究所收藏
遼寧省檔案館　JI1〈奉天財政廳案卷一類〉

中國近代史「張作霖」相關年表

西曆	張作霖	中國近代史（〈〉內容與「滿洲」有關）	中日關係
一八五一至一八六四		太平天國之亂	
六〇至九〇年代		洋務運動	
一八七四			出兵台灣
一八七五	出生於現在的遼寧省海城縣	光緒皇帝即位	江華島事件
一八九四至一八九五	參與甲午戰爭	甲午戰爭	
一八九五		成立新建陸軍。康有為組成強學會。孫文首次起義（失敗）。	

一八九六	首次投身土匪，離開後組織「保險隊」。		
一八九八		戊戌變法、戊戌政變。	
一九〇〇	擁有「保險區」廿七個村落與五十名以上手下。	義和團事件	
一九〇一	被金壽山攻擊逃至八角台，長男張學良誕生。受張景惠承讓「保險隊」，張作相、湯玉麟等人於一年內加入。	發布「預約變法」上諭。	
一九〇二	歸順新民府，任巡警前營馬隊幫帶。手下兩百五十名。	〈締結「交收東三省條約」。設置「辦理南路遼河兩岸招撫局」〉	
一九〇三	升管帶。手下四百八十五名。		
一九〇四			日俄戰爭

一九〇五		科舉廢止。設置巡警部。中國同盟會成立。	公布「清國人留學生取締規則」。
一九〇七	討伐杜立山。	〈新設東三省總督，由徐世昌擔任（至一九〇九年）〉〈宋教仁赴滿。中國同盟會遼東分部成立（？）〉	朝鮮設置「統監府間島派出所」。
一九〇八		〈宋教仁《間島問題》、吳祿貞《延吉邊務報告書》〉光緒皇帝、慈禧太后過世。宣統皇帝即位（至一九一二年）。	
一九〇九	討伐蒙古「馬賊」白音大賚、陶克陶。	〈錫良任東三省總督（至一九一一年）〉	
一九一一	辛亥革命爆發後移駐奉天省城。	〈趙爾巽任東三省總督〉辛亥革命	

一九一二	暗殺革命派領導者張榕。就任陸軍第廿七師長兼陸軍中將。	中華民國建國（孫文任臨時大總統）。達成南北和議。袁世凱任臨時大總統。〈趙爾巽辭職。張錫鑾任奉天都督〉	第一次滿蒙獨立運動。
一九一三		宋教仁遭暗殺。二次革命爆發後失敗。	
一九一四	拒絕移駐內蒙古地區。		
一九一五		〈段芝貴任奉天督軍〉袁世凱推動復辟。	
一九一六	驅逐奉天督軍段芝貴。張作霖政權堀起（至一九二八年）。重用王永江改革警政，排除湯玉麟。	袁世凱稱帝。護國戰爭爆發。袁世凱猝死。	日本提出對華廿一條。第二次滿蒙獨立運動。
一九一七	王永江就任奉天省財政廳長。	張勳推動復辟。	

一九一九		五四運動	日本東方會議決定支持張作霖。
一九二〇		安直戰爭	
一九二一		中國共產黨成立。	
一九二二	第一次直奉戰爭戰敗，自稱東三省保安總司令。王永江就任代理奉天省長。「自治區村制」發布。開始交涉舖設奉海鐵路。東北大學設立準備委員會成立（即「保境安民」期，至一九二四年）。		
一九二三	東北大學創校。		
一九二四	東三省交通委員會成立。公認（國民黨勢力）民治俱進會。第二次直奉戰爭獲勝。反奉戰爭爆發。	第一次國共合作（至一九二七年）。	

一九二五	奉海鐵路開工。郭松齡叛變。	孫文過世。	
一九二六	與直系吳佩孚結盟。王永江辭職。與馮玉祥率領之國民軍強烈衝突。就任安國軍總司令。	北伐開始（至一九二八年）。	
一九二七	王永江過世。與山本條太郎締結協定。	武漢國民政府成立。馮玉祥率領之國民軍加入北伐軍。上海爆發「四一二反革命政變」。國民政府分裂（南京、武漢）。	
一九二八	受北伐軍追擊離開北京時，於途中皇姑屯遭關東軍河本大作炸死。張學良承續政權（至一九三一年）。		出兵山東 濟南事變
一九三一		九一八事變	
一九三二		「滿洲國」成立。	

Speculari 26

馬賊的滿洲

——最被低估的「匪類」、「東北王」，北洋政府最後一任掌權者——張作霖，與他的「馬賊」霸權

馬賊の「満洲」 張作霖と近代中国

作者 澁谷由里
譯者 賴庭筠
企畫選書 張維君
責任編輯 梁育慈
特約編輯 謝佳穎
裝幀設計 萬勝安
內頁排版 簡單瑛設

總編輯 張維君
行銷主任 康耿銘

社長 郭重興
發行人暨出版總監 曾大福
出版 光現出版
網址 http://bookrep.com.tw
電子信箱 service@bookrep.com.tw

發行 遠足文化事業股份有限公司
地址 231 新北市新店區民權路 108-2 號 9 樓
電話 (02) 2218-1417
傳真 (02) 2218-8057
客服專線 0800-221-029
法律顧問 華洋國際專利商標事務所／蘇文生律師
印刷 成陽印刷股份有限公司

初版 2018 年 9 月 19 日
定價 350 元
ISBN 9789869620260

Printed in Taiwan

《BAZOKU NO MANSHUU CHOU SAKURIN TO KINDAI CHUUGOKU》

Freedom is always and exclusively freedom for the one who thinks differently.

SPECULARI

Freedom is always and exclusively freedom for the one who thinks differently.

SPECULARI